W0282146

Rire et résistance

Humour sous le IIIe Reich

Rudolph Herzog

Rire et résistance
Humour sous le IIIe Reich

Document traduit de l'allemand
par Robert Darquenne

MICHALON ÉDITEUR

Titre original :
Heil Hitler, das Schwein ist tot !
Lachen unter Hitler – Komik und Humor im Dritten Reich
© 2006, Eichborn Verlag
ISBN : 978-3-8218-0773-7

© 2013, Michalon Éditeur pour la traduction française
9, rue de l'École-Polytechnique – 75005 Paris
www.michalon.fr
ISBN : 978-2-84186-700-4

Sommaire

I
L'humour politique sous Hitler
Le IIIe Reich vu de l'intérieur

La légende de la blague « chuchotée »

Peut-on rire d'Hitler ? La question réapparaît régulièrement, comme un feu follet, au sein du débat public. Le doute n'est pas possible : la dimension de l'horreur et de l'Holocauste est telle qu'il est difficile de jeter un regard satirique sur le IIIe Reich ; on est vite soupçonné d'en minimiser et d'en dédramatiser l'abomination. Pourtant, les humoristes se sont régulièrement attaqués à ce sujet délicat. L'humour antinazi s'avère le plus efficace là où il se veut démystificateur et laconique. Est-il dès lors légitime d'aborder Auschwitz également par le biais de la satire ? Ou bien banalise-t-on ainsi ce qui est fondamentalement indicible ? Une chose est en tout cas certaine : on riait d'Hitler, notamment pendant les douze années que dura le IIIe Reich. Les blagues politiques étaient même légion sous la dictature ; de nos jours, certaines restent de bonne facture, tandis que d'autres paraissent banales, mauvaises, innocentes. Leur trait commun réside surtout dans le fait qu'elles donnent un aperçu du véritable état d'esprit de la *Volksgemeinschaft* (communauté populaire) hitlérienne. Les remarques sarcastiques, moqueuses, concernaient généralement des sujets d'une urgence littéralement brûlante pour le peuple. Les comiques manièrent eux aussi l'humour politique pendant l'époque nazie : c'étaient soit des opposants de gauche, soit d'autres qui, par leurs blagues, apportaient leur soutien aux dirigeants en chemises brunes. L'analyse des blagues politiques permet d'arriver à une perception étonnamment proche de ce que les habitants du « Reich millénaire », aujourd'hui disparu, pensaient vraiment, de ce qui les contrariait, les faisait rire, mais aussi de ce qu'ils savaient et occultaient savamment. La réaction du pouvoir, qui était régulièrement nargué par les comiques et les raconteurs de blagues, nous apprend en même temps quelles étaient les blagues que ses détenteurs craignaient. Ce livre est donc conçu comme un voyage dans une époque décrite comme sans humour – non pas pour faire rire le lecteur, mais pour étudier sous un autre angle la société allemande de ces années horribles. Le débat moral de l'après-guerre n'est pas négligé pour autant, mais il ne se trouve pas au centre de notre réflexion.

Ce livre a comme sources les récits de vingt témoins de l'époque, originaires de différentes villes et interrogés dans le cadre d'un projet cinématographique réalisé parallèlement à celui-ci. Parmi eux se trouvaient par exemple les compagnons de route d'un prêtre assassiné par les nazis, le fils d'un célèbre dresseur de singes et le cabarettiste Dieter Hildebrandt. Les biographies de comiques renommés et les « anthologies de blagues chuchotées » de l'après-guerre ont également joué un rôle important[1] : une bonne demi-douzaine de livres contenant des blagues politiques datant des années de la dictature nazie parurent après la guerre et leurs éditeurs voulurent faire croire que celui qui riait d'Hitler entre ses quatre murs était en réalité un adversaire des nazis ou même un résistant ; il a fallu attendre les recherches récentes pour montrer le caractère affabulatoire de cette conception, belle en soi, mais irréaliste.[2] Les blagues politiques n'étaient pas une forme de résistance active : elles servaient plutôt de soupape permettant à la colère refoulée du peuple de s'exprimer, se racontaient à la table des habitués, au café, dans la rue – histoire de se défouler un instant dans un éclat de rire libérateur. Tout cela ne pouvait que convenir au régime nazi, qui se voulait en apparence totalement dépourvu d'humour. Beaucoup d'Allemands étaient bien sûr conscients des travers de la société nationale-socialiste ; les mesures de contrainte, les « bonzes » du parti nazi et l'arbitraire étatique les irritaient, mais ils ne se rebiffaient pas pour autant. Pour formuler les choses en exagérant un peu, celui qui donnait libre cours à sa colère au moyen de plaisanteries acerbes ne descendait pas dans la rue ni ne défiait l'autorité d'une quelque autre façon. Il est intéressant de constater que la grande majorité des raconteurs de blagues dénoncés et traînés devant des tribunaux d'exception n'encouraient

1. Il faut souligner l'importance de l'anthologie de Sellin parmi ces recueils : la valeur particulière de cette source réside dans sa parution (1946) immédiatement après l'effondrement du IIIe Reich, tandis que d'autres anthologies de blagues chuchotées ne possèdent pas cette proximité par rapport à l'objet historique.
2. Cf. Wöhlert, p. 7 et suiv. (Tous les auteurs cités sont référencés dans la bibliographie située en fin d'ouvrage).

que des peines légères et s'en sortirent même parfois avec un simple avertissement. Les « blagues chuchotées » n'étaient pas une manifestation de courage civil, mais un ersatz de celui-ci. Les récits des témoins de l'époque interrogés à ce sujet contredisent également la légende selon laquelle, à l'époque nazie, on ne pouvait raconter des blagues politiques qu'en chuchotant et en secret. Dans l'atmosphère empoisonnée des dernières années de la guerre, quelques jugements draconiens, sur lesquels nous reviendrons, furent cependant prononcés. Pendant cette phase finale, au cours de laquelle le régime nazi se cabra devant l'inéluctable perspective de sa fin, le nombre de blagues « acerbes » qui circulaient fut étonnamment élevé. Leur degré de diffusion ne peut toutefois être déterminé avec précision.

Il n'empêche que la plupart des blagues politiques racontées pendant les années hitlériennes étaient peu critiques dans leur essence et visaient davantage les faiblesses humaines des responsables que leurs crimes. Il y avait par exemple de nombreuses blagues sur Göring, dont l'apparence baroque ainsi que la prédilection pour le faste et les décorations frappaient l'imagination des gens. Bon nombre de ces plaisanteries n'expriment pas une critique sévère, mais plutôt une tendresse puérile :

> *Ces derniers temps, Göring porte une flèche sur toute la longueur de sa barrette de décorations : « Suite au dos. »*

Que Göring ait été un sadique devenu un assassin de masse, voilà une chose à laquelle l'humour politique ne s'intéressait pas. Dans le contexte satirique, Göring est généralement présenté comme un gros lard vaniteux mais sympathique : ce sont précisément ses faiblesses humaines, affichées de façon démonstrative, qui rendaient le deuxième personnage de l'État nazi si populaire auprès des gens ; le fait qu'il ait agi froidement, avec cynisme et en méprisant le genre humain n'a pas nui à la sympathie éprouvée pour lui jusqu'à son suicide.

« Führer, ordonne, nous subirons ! » L'humour politique entre critique et fatalisme

Comme nous l'avons dit, il existait d'autres sortes de blagues qui, elles, exprimaient de la haine à l'état pur et du rejet. C'était cette catégorie qui était appelée, selon un témoin berlinois de l'époque, « blagues sûres », non pas parce que ces plaisanteries faisaient rire à coup sûr, mais parce qu'elles pouvaient conduire le plaisantin « à coup sûr au camp de concentration ». Certains arguments semblent toutefois indiquer que même les blagues les plus critiques avaient un effet stabilisateur pour le régime nazi : c'est surtout leur ton, leur fatalisme paralysant, qui plaide en faveur de cette thèse. Et quand ces blagues étaient ouvertement hostiles au régime, il en transparaissait encore le sentiment qu'on ne pouvait de toute façon rien entreprendre contre les injustices. Le slogan « Führer, ordonne, nous suivrons » fut par exemple déformé, pour devenir « Führer, ordonne, nous subirons », comme si on ne pouvait rien changer à ce malheur ordonné en haut lieu. La blague suivante, qui circulait, elle, à Vienne, adoptait un ton semblable :

Affiche du Wintershilfswerk (Secours d'hiver) *pendant l'hiver 1943/44 : « Personne ne peut avoir faim, personne ne peut geler. » Un ouvrier, s'adressant à un autre : « Oh là là ! Ça non plus, on ne peut pas le faire ? »*

Une telle résignation, qu'exprime aussi l'humour, ne se reflète cependant pas seulement à travers des traits d'esprit « allemands » ; elle passe pour être notamment une caractéristique typique de l'humour juif, qui se montre toutefois plus drastique, plus intransigeant et plus auto-dérisoire :

Allemagne nazie. Un Suisse rend visite à un ami juif : « Comment te sens-tu sous les nazis ? » « Comme un ver solitaire : je me faufile jour après jour à travers les masses brunes, en attendant d'être évacué. »

La différence fondamentale entre les deux types d'humour réside moins dans leur ton ou leur âpreté que dans leur fonction : alors que l'humour politique chuchoté servait surtout de soupape de sécurité aux frustrations accumulées par la population, on peut interpréter l'humour juif comme une manière de se donner du courage ou, comme Salcia Landmann le dit sous forme de boutade, l'expression d'une volonté de survivre, de continuer à vivre envers et contre tout[3]. La terreur vécue quotidiennement est intégrée à travers lui : l'humour juif le plus noir exprime donc toujours une volonté tenace, comme si le raconteur de blagues voulait dire : « Je ris, donc je vis. Je suis le dos au mur, mais je ne perdrai pas mon sens de l'humour. » Dans l'exemple suivant,

3. Cf. Landmann, p. 12.

qui date des dernières années de la guerre, cette attitude atteint un paroxysme macabre :

Deux Juifs doivent être fusillés. Soudain, les ordres annoncent qu'ils doivent finalement être pendus. Le premier dit à l'autre : « Tu vois, ils n'ont même plus de cartouches maintenant ! »

La situation de ces deux Juifs est évidemment désespérée, mais le peuple juif, lui, peut espérer que le Reich nazi s'effondrera bientôt. Il n'y a que l'humour juif pour être si laconique, à la fois sombre et serein. La différence, très nette, de formulation comme de ton, entre l'exemple cité et le gag inoffensif sur Göring, illustre avec une douloureuse clarté un autre contraste, celui existant au sein même de la société allemande entre les façons de percevoir le IIIe Reich, ainsi qu'entre le point de vue des victimes et celui des suiveurs.

Ce que les blagues peuvent trahir

L'humour ne dépend toutefois pas seulement de l'appartenance des narrateurs et du public à une catégorie de la population : il ne peut être compris dans sa globalité qu'en fonction du contexte sociétal de l'époque. De nombreuses histoires drôles et, plus précisément, celles des amuseurs et comiques professionnels de l'ère nazie, ne peuvent guère être reconnues comme telles dans notre optique actuelle : dans certains cas, nous ne comprenons d'ailleurs plus du tout que les gens aient pu franchement rire de petites blagues paraissant fades, plates et lourdes à un observateur d'aujourd'hui. Il est néanmoins utile d'analyser et d'interpréter celles-ci car l'humour reflète ce qui préoccupait vraiment les gens, les amusait et les fâchait. Le portrait de l'intérieur du IIIe Reich s'offrant ainsi à notre regard possède une authenticité qu'on ne retrouve généralement pas en étudiant d'autres documents contemporains.

La perception que nous avons des années hitlériennes se fonde en grande partie (même si nous ne nous l'avouons pas de plein gré) sur les films de propagande de l'époque. Pourtant, les actualités hebdomadaires et les films de Leni Riefenstahl, régulièrement cités dans les documentaires historiques, ont été intégralement mis en scène et gangrenés idéologiquement par leurs auteurs : ils n'ont jamais été le reflet de la réalité ni l'expression de ce qui se passait vraiment sous ce régime. Aujourd'hui encore, ils dégagent un effet trompeur, un pouvoir des images que même les commentaires les plus prudents ne peuvent refouler complètement.

Ce ne sont pas seulement les documents filmiques qui déforment notre perspective : notre propre point de vue joue aussi un rôle. Nous nous livrons à une rétrospective historique, en sachant parfaitement où a mené ce système diabolique. Les horreurs de l'Holocauste et de la guerre d'extermination sont tellement présentes dans la conscience contemporaine que les années qui y ont conduit sont passées au second plan : les mille tours de vis qui ont étouffé l'État de droit et, finalement, presque toute forme de comportement humain, ont ainsi été perdus de vue. Au début, les dirigeants en chemises brunes n'étaient pas aussi solidement assis au pouvoir qu'on le croit : d'abord vint la phase de la « mise au pas » idéologique, où les nationaux-socialistes éliminèrent leurs adversaires en les réduisant au silence ou en les assassinant ; mais malgré cette violence, la transformation de la société républicaine de Weimar en *Volksgemeinschaft* national-socialiste ne se fit pas du jour au lendemain. Les blagues des premières années de la domination nazie, y compris celles des comiques professionnels, nous renseignent d'une manière bien spécifique sur l'état d'esprit de la population à cette époque : elles commentent et brocardent l'actualité politique, jettent une lumière particulière sur certains événements, alors que d'autres, qui nous paraissent bien plus importants de notre point de vue actuel, ne sont évoqués que rarement ou pas du tout. Pendant les années qui précédèrent la guerre, la population, si l'on en croit les rapports des services secrets SD, soutenait dans l'ensemble Hitler, malgré la ligne dure adoptée par les dirigeants. Certes, il convient d'exprimer de sérieuses réserves sur l'enthousiasme débordant dont les actualités hebdomadaires donnaient l'illusion, mais les Allemands étaient majoritairement contents de leur classe politique, à laquelle tout semblait réussir en politique étrangère ; cela n'était évidemment pas sans influencer les blagues politiques qui, comme nous l'avons déjà expliqué, nous paraissent plutôt inoffensives et niaises. Ce n'est qu'au début de la guerre que l'opinion publique commença à vaciller de façon inquiétante et ce n'est qu'avec la défaite de Stalingrad et les premières vagues de bombardements sur les villes allemandes que l'humour politique se transforma en humour noir, et que la niaiserie fit place au sarcasme pur.

En décrivant comment et pourquoi on riait sous Hitler, ce livre tente donc de poser un regard sur les douze années de dictature nazie, pendant lesquelles l'état d'esprit des Allemands fut soumis à de nombreux changements. Nous insisterons notamment sur un point : le IIIe Reich n'était pas aussi monolithique que ce que les actualités hebdomadaires voulaient le faire croire ; la société nazie resta hétérogène, marquée par des intérêts, des frustrations, des préoccupations et des angoisses très contradictoires, qui se reflétaient dans l'humour de l'époque.

II
Naissance et évolution de l'humour politique

Depuis quand les blagues politiques existent-elles ?

La plupart des blagues politiques sont des attaques stigmatisant les détenteurs du pouvoir ou la situation politique dominante au moyen de l'humour : l'État et ses représentants sont livrés au ridicule par le biais de l'exagération et du comique. Dans certaines blagues, cela peut se faire de façon ludique et sous forme de clin d'œil ; dans d'autres, l'amertume qu'elles cachent se ressent nettement. Comme nous l'avons souligné dans l'introduction, ceci est encore loin de vouloir dire que les raconteurs de blagues voulaient se révolter contre le système : l'humour politique n'est pas nécessairement une forme de résistance ; l'adage selon lequel « chien qui aboie ne mord pas » prévaut.

On a souvent interprété l'humour politique comme étant un phénomène moderne. L'argument était que, dans le passé, l'État tenait son autorité non du peuple, mais de Dieu : toute critique à l'adresse des dirigeants était blasphématoire, et donc condamnable. L'humour politique ne pouvait donc naître que dans un monde moderne et séculier[4]. Cette théorie comporte une part de vérité, dans la mesure où la forme politique de l'humour n'a pu pleinement se développer qu'à l'époque moderne. La cause réside toutefois moins dans la sécularisation du monde occidental que dans la complexification des rapports de force : depuis la Révolution française, les rapports entre le peuple et ses représentants se sont diversifiés, prêtant ainsi plus le flanc à la satire, et les possibilités pour les citoyens d'émettre des critiques se sont accrues. Cela ne signifie pas que, dans un État tirant sa légitimité de Dieu, il ne puisse y avoir d'humour politique : les théocraties modernes comme l'Iran en sont un exemple, tout comme les États de l'Antiquité classique ; celui qui affirme le contraire nie la composante humaine universelle de l'humour politique, qui n'a pas grand-chose à voir avec l'image idéale que tout pouvoir émanant de Dieu veut faire miroiter. Les gens aiment rire des puissants. Cela a toujours été le cas et le sera toujours ; que ce soit autorisé ou non, que ce soit considéré comme un crime de « lèse-majesté » ou comme un blasphème, voilà qui n'a aucune importance.

Ce sont précisément les portraits de l'époque romaine qui nous apprennent qu'on se montrait très virulent avec les faiblesses des puissants dans l'Antiquité classique. Les bustes des hommes puissants débordent d'un réalisme impitoyable : l'empereur a un goître,

4. Cf. Wöhlert, p. 15.

le sénateur un double menton. Rien n'est parfait chez ces hommes. Au contraire, tous leurs défauts et faiblesses sont immortalisés dans le marbre. À l'opposé des Grecs, les Romains étaient manifestement obsédés par les imperfections physiques, ce qui se reflétait aussi dans l'attribution des noms : le malheureux Barbus avait-il donc la barbe rude, pour s'appeler ainsi ? On aimait étiqueter les gens en fonction de leur jambe boiteuse, leur calvitie ou leur bec-de-lièvre ; l'imagination semblait ne connaître aucune limite. Les Romains faisaient preuve de la même créativité pour les insultes en tout genre : leur prédilection pour les obscénités est bien connue. Les hommes politiques s'insultaient mutuellement et le peuple aimait leur lancer quelques anecdotes grivoises. Ceux qui détenaient le pouvoir gardaient généralement leur contenance, comme le montre l'anecdote suivante, restée sans suite pour le plaisantin :

> *Quelque part dans l'Empire, on avait trouvé un homme qui présentait une ressemblance étonnante avec César Auguste. On le présenta à l'empereur qui, surpris à la vue de son double, demanda : « Dis-moi, ta mère est-elle venue un jour à Rome ? – Ma mère jamais, mais mon père très souvent », fut la réponse.*

Que ce soit sous les Romains ou de nos jours, l'humour politique commence là où quelque chose s'y prête. Il fonctionne particulièrement bien dès que les hommes d'État trônent sur un piédestal : empereurs, dictateurs, gros vantards qui gouvernent depuis leur nuage, fondant leur pouvoir sur toutes sortes de principes creux, risquent de tomber de très haut et deviennent vite la cible de moqueries cinglantes.

Celui qui dirige un pays au nom d'idéaux qu'il représente doit évidemment être jugé à l'aune de ses propres ambitions. Cela n'est toutefois pas toujours simple car personne n'est infaillible. Quand l'écart entre les idéaux et la réalité est trop grand, c'est que l'homme de pouvoir a placé la barre trop haut, laissant la porte ouverte à l'humour. Ainsi, l'empereur égal des dieux devient un fat d'ascendance douteuse et le tribun du peuple un vieillard au nez aquilin. Ce type de moquerie se retrouve aussi bien dans l'Antiquité classique qu'au Moyen Âge et à l'époque moderne.

L'humour et l'assimilation des traumatismes historiques

Il est intéressant de constater qu'un des premiers livres imprimés après la seconde guerre mondiale en Allemagne fut une anthologie de blagues chuchotées. La raison ne réside pas seulement dans un empressement à se justifier, mais aussi dans un besoin profondément humain. Le mécanisme qui consiste à assimiler par le rire des événements traumatisants n'est ni étonnant ni nouveau : c'est un phénomène fréquent dans l'histoire de l'humanité et de l'Allemagne ; il ne faut d'ailleurs pas chercher bien loin pour en trouver des exemples.

Un cas, que nous pourrions qualifier d'école, se présenta pendant les Temps Modernes : après la guerre de Trente Ans, l'Europe était en ruines, des contrées entières étaient dépeuplées. Dans le sud de l'Allemagne, la région la plus dévastée, moins d'un tiers de la population avait survécu. Ceux qui n'avaient pas perdu la vie lors des opérations militaires périssaient misérablement à cause de la faim et des épidémies. Rien ne bougea pendant les premières années qui suivirent cette fureur destructrice et sans exemple jusqu'alors qui, telle une tempête, avait balayé le continent. Pourtant, en 1669, une voix se fit à nouveau entendre : celle de l'écrivain Grimmelshausen, qui écrivit le premier grand roman d'aventures de la littérature allemande. Le pseudonyme absurde de « German Schleifheim von Sulsfort », adopté par l'auteur, donne un avant-goût du contenu. La première œuvre littéraire majeure après l'Apocalypse... un livre d'histoires drôles !

Dans le *Simplicissimus aventureux*, un gardien de troupeau traverse la guerre de Trente Ans, tantôt sous les traits d'un charlatan, tantôt sous ceux d'un bouffon vêtu d'une peau de veau. Tout l'univers qui l'entoure, fait de pillages, de meurtres et de viols, sert en même temps de décor à ses fourberies. À travers le regard de l'idiot qui a grandi comme une bête sauvage, la réalité ressemble à une étrange image déformée. Le jeune Simplicissimus connaît des malheurs effroyables, mais sa description des horreurs dont il est victime est, elle, drôle et d'une ironie désarmante : même quand une bande de soldats isolés attaque la chaumière du jeune héros et que celui-ci est brutalement séparé de ses parents adoptifs, le récit reste grotesque et laconique :

> *Le premier soin qu'eurent ces reîtres fut de mettre leurs chevaux à l'écurie, ensuite chacun eut sa tâche particulière à remplir, dont chacune n'annonçait que désastre et perdition ; car bien qu'ils fussent quelques-uns qui se mirent à abattre, bouillir et rôtir en sorte qu'on eût dit qu'il devait se donner un*

joyeux banquet, il y en eut d'autres qui parcoururent la maison de haut en bas, même le coin discret ne fut pas à l'abri, comme si la Toison d'or de Colchide y fût cachée [...][5]

Grimmelshausen avait lui-même participé à la guerre de Trente Ans et son roman comporte des traits autobiographiques. Dans le *Simplicissimus*, le carnage horrible auquel l'auteur a survécu se transforme en immense bouffonnerie. Un roman picaresque donc, avec comme sujet un bain de sang qui a duré des décennies ? L'idée semble à première vue saugrenue : pourquoi Grimmelshausen n'a-t-il pas tout simplement écrit une chronique ? La réponse réside justement dans ce besoin universellement humain dont nous avons déjà parlé, dans l'espoir de surmonter un traumatisme. La peur et l'horreur sont deux fois moindres quand on leur rit au visage, nous apprend le *Simplicissimus.*

Ce qui porte actuellement à discussion dans le contexte de la comédie sur Hitler le faisait donc déjà aux origines du roman allemand : l'effroyable constitue un véritable défi lancé au comique, qui est souvent le seul antidote efficace contre l'horreur du drame. Des dizaines d'exemples l'attestent : ce sont précisément les situations les plus abyssales qui stimulent le rire ; la raison en est une prédisposition, qu'on retrouve chez Grimmelshausen comme dans l'humour juif.

---

5. Grimmelshausen p. 27.

L'HUMOUR POLITIQUE EN ALLEMAGNE DEPUIS LA FIN DU XIXe SIÈCLE

L'idéalisation dont les empereurs antiques faisaient l'objet suscitait la moquerie. Comme eux, les dirigeants du IIIe Reich furent comparés, dans toutes les variantes imaginables, à l'idéal aryen qu'ils revendiquaient : « Mon Dieu, rends-moi aveugle, pour que je croie que Goebbels est aryen », disait un mot d'esprit très populaire. Que cette prière brève ait été une formule défaitiste ou une plaisanterie inoffensive, voilà qui importe peu : il est au contraire remarquable de constater que l'humour politique fleurit surtout dans les régimes totalitaires et que, dans les sociétés ouvertes, libres et démocratiques, il ne joue guère de rôle. Ni sous la République de Weimar ni sous le gouvernement actuel le nombre de blagues sur les puissants n'approche celui de celles qui furent racontées sous le IIIe Reich et en RDA. Bien sûr, dans notre société actuelle, d'innombrables « cabarettistes » épinglent les politiciens, mais cela n'a rien de comparable avec les blagues spontanées qui circulaient parmi le peuple à l'époque des deux dictatures allemandes.

Rétrospectivement, l'empire wilhelminien occupe une place intermédiaire : peu de blagues politiques sont répertoriées, ce qui s'explique par le désintérêt de la recherche plutôt que par une absence totale de satiristes critiquant le pouvoir. Ralph Wiener a noté quelques rares exemples de répliques et anecdotes gentilles, humoristiques, aussi lourdes que la monarchie poussiéreuse sous laquelle elles virent le jour. Ces blagues ne sont absurdes et mordantes que quand elles s'attaquent à la domination désastreuse du casque à pointe : l'obéissance aveugle dans l'armée prussienne, la bureaucratie envahissante, la dureté des autorités et de l'armée, tels étaient les sujets de prédilection des plaisantins en ce temps-là. L'exemple suivant est encore un des plus réussis :

> *Lors des révoltes des populations autochtones en Afrique orientale allemande, le ministère impérial à Berlin promulgue la directive suivante à l'adresse des services compétents : « Les indigènes doivent être informés de ce que, au risque d'encourir de lourdes peines, ils sont tenus de déposer un préavis six semaines avant chaque révolte. »*

De notre point de vue, cette blague n'est que moyennement comique, mais elle a le mérite de s'attaquer simultanément à plusieurs phénomènes spécifiques de l'époque : nous pensons d'une part aux méthodes brutales et sauvages dont use une puissance coloniale tardive, d'autre part à l'allemand administratif poussiéreux et tortueux des autorités impériales, qui n'a même pas épargné les autochtones du continent noir. Pour les citoyens de l'empire wilhelminien, la boutade pouvait dégager un charme impertinent – un effet que nous ne pouvons que deviner aujourd'hui, car trop de générations nous séparent de la vie quotidienne sous cet empire et de la perception qu'il avait de lui-même.

Le régime autoritaire de cette époque était inerte et imbu de lui-même : la place de chacun, celle des puissants comme celle des « sujets », était prédéterminée dans l'ordre des choses propre à cet univers. La paperasse administrative était omniprésente et régentait la vie des gens, tantôt de façon indulgente, tantôt de façon bureaucratique et oppressante. Les Allemands s'étaient accommodés de l'ordre social wilhelminien. L'État était néanmoins gouverné depuis les hautes sphères célestes par un empereur paraissant figé dans le respect de sa propre grandeur. Avec sa moustache à pointes cirées, Guillaume II semblait détaché de la réalité, tel un monument de lui-même plutôt qu'un être humain en chair et en os. Les manies de poseur de son souverain n'échappèrent pas au peuple : c'est ainsi que les blagues politiques de l'époque aimaient caricaturer l'aura irréelle et narcissique enveloppant l'empereur. Cependant, ces attaques humoristiques restèrent insipides et dépourvues de toute tonalité blessante. Même la blague suivante, qui s'en prend au culte de la personnalité autour de Guillaume II, paraît aujourd'hui inconsistante :

> *Un client se rend au rayon art d'un grand magasin pour y acheter un souvenir, mais il ne voit que des bustes de l'empereur, encore des bustes de l'empereur et toujours des bustes de l'empereur. Ils sont tous en plâtre et identiques. Le client reste perplexe devant ce choix embarrassant. Un vendeur s'approche de lui, toussote et lui demande poliment : « Vous avez déjà fait votre choix ? »*

On ne perçoit guère de traces de conflit dans ces quelques lignes : la boutade est gentille et, même avec beaucoup d'imagination, il est difficile de la trouver comique, mordante ou ouvertement critique vis-à-vis du régime. L'omniprésence de l'empereur devenu monument est certes déplorée, mais cette blague n'est en aucune manière destinée à provoquer autre chose que des sourires.

Dans un registre tout aussi inoffensif maintenant, quoiqu'un peu plus insolent, voici la première œuvre, publiée par un lycéen du nom de Tucholsky, qui avait été recalé en 1907 pour ses mauvais résultats en rédaction allemande. Le 20 novembre 1907, l'écrivain, âgé d'à peine dix-sept ans, publia dans le fascicule satirique *Ulk* un commentaire avec comme titre « *Märchen* » (Conte) :

> *Il était une fois un empereur qui régnait sur un empire immense, riche et beau. Et comme tous les empereurs, il possédait aussi une chambre au trésor, où se trouvait, au milieu des bijoux brillants et scintillants, une flûte. Quel étrange instrument c'était ! Lorsqu'on regardait à l'intérieur de la flûte par un des quatre trous – oh là la ! que ne voyait-on pas ! Il y avait un paysage, petit, mais plein de vie : un paysage de Hans Thoma, avec des nuages d'Arnold Böcklin et des lacs de Walter Leistikow. Des petites dames de Ferdinand von Reznicek faisaient les difficiles devant des personnages de Heinrich Zille et une paysanne de Constantin Meunier portait une brassée de fleurs d'Emil Orlik – toute la « modernité » se trouvait dans cette flûte. Et qu'en fit l'empereur ? Il n'en avait rien à siffler.*[6]

Le texte de Tucholsky met en évidence les goûts artistiques démodés du monarque : Guillaume II ne s'intéresse ni aux petites gens que peignait Constantin Meunier ni à cet ami de Rilke qu'était Emil Orlik. Tout ce qui est nouveau, moderne et fascine le jeune homme

6. Notre trad.

de dix-sept ans se heurte à l'indifférence de l'empereur prisonnier du passé. Le souverain de ce conte est littéralement sclérosé et n'a aucune idée de la foule de grands talents qui dorment, inemployés, dans son empire.

En revanche, l'humour politique ne prit jamais pour cible l'atroce guerre mondiale dans laquelle l'austère souverain avait entraîné les Allemands, et dont il fut sans doute le dernier à se douter des dimensions : l'enthousiasme et les effusions patriotiques du début étaient d'une trop grande naïveté, la désillusion qui suivit trop abrupte. Ce ne fut pas une « promenade jusqu'à Paris » que Guillaume offrit aux Allemands, mais une guerre de position interminable et extrêmement violente, qui se termina par la défaite du Reich. Ce n'est que dans l'après-guerre que les satiristes découvrirent la guerre comme sujet – parmi eux Kurt Tucholsky, dont la carrière journalistique avait été interrompue par sa participation aux combats durant de longues années.

Les bouleversements du XXe siècle et les blagues politiques

L'empereur fut chassé du pays après la défaite, mais les cheveux gominés, le casque à pointe et le génie malfaisant de la Prusse restèrent, eux, bien présents en Allemagne. Après la fuite de Guillaume II en novembre 1918, Paul von Hindenburg, qui fut élu président du Reich en 1925, devint aux yeux du camp conservateur une sorte d'« ersatz d'empereur ». Cet homme étrange n'avait pas vraiment sa place en démocratie, le nouveau système politique allemand : ses idées, ses actes et son apparence étaient trop rétrogrades. Il ne faut donc pas s'étonner qu'on ait aimé rire et se moquer de cette relique d'une époque disparue. Et une fois de plus, ces blagues étaient sages, sans connotation blessante. La plaisanterie inoffensive qui suit n'est d'ailleurs rien d'autre qu'une preuve d'amour déguisée :

> *Après la bataille de Tannenberg en 1914, le généralissime Hindenburg rend visite à la ville de Francfort-sur-le-Main. Il s'arrête devant un monument qu'il ne connaît pas et demande ce que c'est. « C'est la Paulskirche, l'église Saint-Paul ! », lui explique-t-on. Là-dessus, Paul von Hindenburg, avec une modestie toute protocolaire : « Oh, ce n'était pas nécessaire, pour ces quelques jours ! »*

Cette blague laisse entendre qu'Hindenburg n'y connaissait rien en histoire de la démocratie – il n'avait aucune idée du fait que la Paulskirche fût le siège de la première Assemblée nationale allemande – mais il ne faut voir là qu'un symptôme de ce gâtisme que le peuple lui pardonnait volontiers. L'intérêt de cette plaisanterie est surtout dû au regain de popularité qu'elle connaîtra, sous une forme légèrement modifiée, pendant le IIIe Reich : dans une blague « chuchotée » très répandue à l'époque, Hermann Göring visite le monument d'Arminius, Hermann le Chérusque, dans la forêt de Teutoburg. La boutade est restée la même : « Mais ce n'était pas nécessaire [d'ériger un monument à ma gloire] ! » De fait, de nombreuses blagues sur Hindenburg sont devenues des blagues sur Göring dix ans plus tard. La raison en est simple : les deux hommes avaient en commun un faible pour les grandes apparitions publiques, le faste byzantin et les médailles couvrant la poitrine. Une blague populaire, probablement plus ancienne que la République de Weimar, nous raconte par exemple :

> *Saint Pierre, furieux, peste : « Chaque fois qu'Hindenburg a passé le week-end ici, il me manque une étoile ! »*

La même blague, bien gentille et adaptée au personnage de Göring, connut une grande réussite sous le IIIe Reich. Même en faisant preuve de beaucoup d'imagination, on ne trouve aucune critique sérieuse dans cette brève réplique : au contraire, elle donne l'impression d'une révérence à l'adresse de Hindenburg/Göring, tous les deux vénérés malgré, ou plutôt, pour leur goût puéril de la représentation. On ne constate aucune haine des « bonzes du régime » dans des blagues de ce type, même si plus d'un éditeur des « anthologies de blagues chuchotées » parues après la chute du IIIe Reich aimait à le faire croire. Les deux blagues ne sont ni spontanées ni sarcastiques – elles existaient probablement bien avant le début du XXe siècle. Elles appartiennent à une catégorie d'humour politique qui n'est en réalité qu'une forme vide, qu'on pouvait en tout temps remplir d'un nouveau contenu. La plupart de ces blagues sont construites sur un modèle tellement facile à retenir qu'elles ont survécu à plusieurs régimes. Elles sont essentiellement apolitiques, même si elles mettent en scène le personnel politique. La blague suivante qui, à l'origine, égratignait Göring, eut une incroyable longévité :

> *Une nouvelle unité de mesure va être introduite en Allemagne : 1 Gör = la somme des médailles qu'on peut s'accrocher sur la poitrine ?*

En RDA, les blagues s'adaptèrent au contexte et, après un petit changement, ce fut au tour de Walter Ulbricht et du présentateur de l'émission télévisée *Der Schwarze Kanal* (La Chaîne noire), Eduard von Schnitzler, d'en être la cible :

> *Une nouvelle unité de mesure a été introduite en RDA à la fin des années 1960 – l'Ulb ! L'Ulb est le temps qu'il faut à un citoyen est-allemand pour se lever de son fauteuil, aller jusqu'à l'appareil de télévision et changer de programme quand Ulbricht parle.*
> *– Qu'est-ce qu'un centième d'Ulb ?*
> *– Un Schnitz.*

Après la guerre, on ne se contenta pas d'adapter la blague à l'air du temps : on lui inventa carrément une suite, qui n'augmentait toutefois pas l'intensité du trait d'esprit, se contentant simplement de la reproduire sous une autre forme. La variante est-allemande est plus lourde et redondante que l'original, ce qui réduit considérablement son effet comique. Si la blague fonctionne malgré tout, c'est que sa structure suscite d'abord la curiosité, crée ensuite une tension, pour finir en apothéose grâce à l'astucieuse boutade finale. Politiques, les deux histoires le sont tout au plus dans la mesure où elles dépeignent comme vaniteux ou ennuyeux des personnages de la nomenklatura au pouvoir. Comme elles n'incriminent ni des infractions aux normes ni des dysfonctionnements grossiers, le caractère subversif de ces blagues se trouve considérablement réduit : ce sont de petites figures verbales bien inoffensives, destinées à faire sourire l'auditeur – rien de plus et rien de moins.

Le jeu des questions/réponses suivant, qui fait son apparition à la fin de la première guerre mondiale, est, lui, d'un genre plus délicat :

> *« Qui sera sauvé, si l'empereur, son chancelier et ses généraux traversent l'océan et que le bateau chavire ? » Réponse : « L'Allemagne. »*

Nous retrouvons exactement la même blague à la fin de la seconde guerre mondiale, excepté qu'au lieu de l'empereur, du chancelier et des généraux, ce sont Hitler, Göring et Goebbels qu'on rend maintenant responsables de la défaite toute proche de l'Allemagne : pendant dix-sept ans, cette devinette ouvertement critique vis-à-vis du régime était tombée dans l'oubli, mais pendant les nuits de bombardement sur le IIIe Reich et les derniers soubresauts du régime de terreur, elle refit surface. La plaisanterie a beau clairement souhaiter la mort des dirigeants, il subsiste en elle une pointe de fatalisme : l'Allemagne n'est pas sauvée par un soulèvement, mais par un hasard heureux, la puissance destructrice de la mer. Si le peuple espère bien être libéré de la tyrannie grâce à l'intervention du destin, cet exercice intellectuel n'est toutefois suivi ni d'un appel à l'acte ni d'une révolte. Le même constat s'applique à une autre variante de la blague, où les dirigeants nazis se trouvent dans le bunker et sont tués par une bombe tombée en plein dans le mille. Dans ce cas-ci, ce sont les puissances adverses qui se chargent d'éliminer les tyrans et non les forces naturelles.

Une autre blague type, qui date d'il y a bien longtemps, ne recourt pas au sarcasme amer de l'exemple précédent. Dans la version originelle, le jeu de mots visait

Gustav Stresemann, chancelier du Reich, puis ministre des Affaires étrangères, qui était régulièrement la cible de la critique publique pour avoir signé des traités internationaux controversés :

Stresemann voyage dans un train spécial. Dans une petite gare règne un grand émoi, car le train a dû s'arrêter à la suite de dégâts sur la voie ferrée. Le chef de gare est aussitôt arrêté, parce qu'il a crié à haute voix sur le quai : « Retirez-vous ! »

L'appel à la démission de Stresemann compris dans la boutade finale est évidemment une simple petite pique, qui sera pardonnée au plaisantin dans un système démocratique ; mais dans le contexte d'une dictature, une telle revendication peut revêtir un caractère nettement plus explosif. Carl Schulz, qui fut un témoin de l'époque, nous raconte que, peu avant le début de la seconde guerre mondiale, le cabarettiste Werner Finck avait conçu un sketch sur Hitler, inspiré du modèle déjà cité et mis en scène sous les regards soupçonneux de la Gestapo au *Kabarett der Komiker*.

Après la prise du pouvoir, le portrait d'Hitler dut être accroché dans tous les bureaux d'administration. Werner Finck en a immédiatement fait un gag [...] Le [directeur du *Kabarett der Komiker*], *Willi Schaeffers, monta sur scène avec un portrait, mais il le portait de telle façon qu'on ne voyait que le dos. Mais tout le monde se dit tout de suite : c'est un portrait d'Hitler. Soudain, Schaeffers trébucha et fit presque tomber le portrait. Finck se précipita vers lui en criant, l'air effrayé : « Pas renverser, pas renverser ! », ce qui déclencha un éclat de rire général.*

De notre point de vue actuel, la plaisanterie peut paraître anodine, mais dans l'atmosphère surchauffée de l'Allemagne nazie juste avant le début de la guerre, elle n'était pas dénuée de capacité subversive : personne ne pouvait se permettre en pleine représentation de réfléchir tout haut et impunément à la chute du dictateur. C'est pourquoi le sketch insolent de Finck se nourrit surtout de non-dits, de ce qui se passe dans la tête du public. Le fait que les gens riaient montre en tout cas qu'ils appréciaient le trait d'esprit.

Cependant, chaque fois que le peuple voulait se moquer de son vieux président, de telles finasseries n'étaient pas nécessaires durant la phase ultime de la République de Weimar : la démocratie mal-aimée agonisait et, avec elle, son représentant au sommet de l'État. Dans les années précédant sa mort, Paul von Hindenburg se retira de plus en plus de la vie publique. Il vivait à l'écart sur ses terres, entouré de favoris et de lèche-bottes. L'ombrageux maréchal prussien avait délégué la plus grande partie de son pouvoir à un cabinet présidentiel, qui s'ingérait allègrement dans toutes les affaires de grande politique. Ces courtisans vaniteux n'étaient toutefois pas de taille à tenir tête à l'ambitieux Führer du NSDAP : le secrétaire d'État de Hindenburg, Otto Meißner, ainsi que son propre fils, Oskar von Hindenburg, n'avaient aucune chance contre Hitler, qui avait gravi tous les échelons de la politique locale bavaroise, avant de se hisser jusqu'à Berlin. Hindenburg était le seul qui aurait pu freiner le démagogue de province. Dans ses dernières années, le vieil homme semblait cependant s'intéresser aussi peu que ses concitoyens à la sauvegarde de cet État de Weimar mal-aimé. Le peuple ne manquait pas d'observer attentivement la perte de pouvoir du président du Reich. Un bruit, qu'on ne prenait pas trop au sérieux, circulait à Berlin :

Un jour, le fils d'Hindenburg, Oskar, et le secrétaire d'État Meißner se disputent au sujet d'un problème qu'ils veulent résoudre au nom du président du Reich. Finalement, le secrétaire d'État Meißner dit : « Dites donc, qui est président au fait, vous ou moi ? »

Il n'échappait évidemment à personne qu'Oskar von Hindenburg et Meißner n'avaient pas la carrure du patriarche sénile. Au même moment, la démence croissante du président du Reich faisait l'objet de rumeurs et de rires peu respectueux : on racontait qu'après avoir reçu la visite d'Hitler sur ses terres de Neudeck, Hindenburg aurait demandé depuis quand l'ancien chancelier Brüning portait une moustache. L'anecdote avait beau être inventée de toutes pièces, elle serait bientôt rattrapée par la réalité, et d'une manière qui fait froid dans le dos ; Hitler rapporta en tout cas que, lors de son dernier entretien avec le *feldmarschall* moribond, celui-ci lui aurait adressé la parole à plusieurs reprises en l'appelant « Majesté ».

Une autre blague sur la démence d'Hindenburg, dont plusieurs variantes circulaient à la fin de l'époque de Weimar, disait ceci :

Un balayeur de rue, qui balaye les feuilles des arbres devant le palais présidentiel pour la dixième fois de la journée, est accosté par un passant : « Pourquoi est-ce que vous balayez de nouveau ? – Parce que sinon, le président du Reich signe toutes les feuilles. »

Humour et culture sous la République de Weimar

La fin de l'histoire, anticipée dans cette plaisanterie, est connue : Hindenburg signa l'acte nommant Hitler chancelier du Reich. On a beaucoup écrit sur les dernières convulsions de la démocratie agonisante et la conquête du pouvoir par les nazis ; nous ne nous attarderons dès lors plus sur les faits historiques. Avec l'arrivée de la dictature nazie disparut aussi une société qui avait permis l'apparition, pendant les folles années dorées 1920, d'une vie culturelle florissante – un vrai paradis, du moins pour ceux qui avaient la possibilité et les moyens d'en faire partie.

Les années de la République de Weimar furent une époque relativement insouciante pour les satiristes et les comiques. Les salles de théâtre et les théâtres en sous-sol proliférèrent surtout dans la métropole scintillante qu'était Berlin, alors qu'aux portes de la ville, l'UFA[7] tournait d'innombrables comédies ; le directeur des plus grands studios cinématographiques allemands était le très antipathique, suffisant et ultra-droitier Alfred Hugenberg. Les innombrables et insipides comédies musicales de l'UFA faisaient oublier sa grisaille quotidienne au peuple accablé par le chômage et l'inflation. La plupart de ces produits de l'air du temps totalement apolitiques sont à juste titre oubliés. Il existe toutefois une exception notoire : *Die Drei von der Tankstelle* (« Le Chemin du Paradis »), le film qui remplit les salles en 1930 et lança Heinz Rühmann. L'œuvre est toujours

7. Universum Film AG (société de production cinématographique allemande).

populaire, mais le succès de cette comédie naïve et drôle, qui ne se dément pas de génération en génération, peut difficilement s'expliquer par l'intrigue simpliste : le charme enfantin qu'elle dégage provient plutôt des intermèdes musicaux, astucieusement choisis et devenus très vite de véritables rengaines. *« Ein Freund, ein guter Freund, das ist das beste, was es gibt auf der Welt... »* (« Avoir un bon copain, Voilà c'qui y a d'meilleur au monde »[8]) : cette ritournelle, fredonnée avec allégresse, n'a aujourd'hui rien perdu de son pouvoir évocateur. La distribution de haut niveau fut également à l'origine de l'immense succès de masse du film. Les gags lourds et parfois bêtes, qui prennent beaucoup plus de place que l'action, sont pardonnables, parce qu'ils sont de purs produits de leur temps. On ne retrouve pas le rythme effréné de la postmodernité dans cette comédie, mais le charme optimiste et innocent des *Roaring Twenties* y est, lui, bien présent.

Avec *Die Drei von der Tankstelle* commença l'ascension fulgurante du jeune comique Heinz Rühmann qui, plus tard, dans l'Allemagne nazie, deviendrait « acteur d'État » par la grâce de Goebbels. Un destin autrement horrible attendrait son partenaire dans le film, le cabarettiste juif Kurt Gerron : dans *Die Drei von der Tankstelle*, Gerron joue le rôle d'un avocat replet apprenant aux héros dans une scène d'une absurdité inimitable que ceux-ci sont complètement ruinés. La conversation téléphonique entre Rühmann et Gerron, qui nous rappelle les œuvres dadaïstes, est un des grands moments du film : c'est la rencontre de deux talents, le plus jeune

8. Boyer, 1930.

étant promis à un grand avenir, le plus âgé ayant, lui, atteint le zénith de sa carrière d'artiste.

Gerron, qu'on avait déjà pu apprécier dans le rôle du magicien louche de *L'Ange bleu*, entreprit ensuite une carrière brève et brillante de réalisateur dans les années trente, mais le souvenir que nous avons de lui reste surtout celui d'un acteur de genre, d'un gros plein de soupe bien sympathique. Lui et ses collègues comiques juifs ont marqué l'époque de l'entre-deux-guerres. L'humour des fiévreuses années 1920 vivait de cabarettistes, de clowns et de satiristes comme Gerron ou Otto Wallburg, l'homme qui joua dans plus de cinquante films des rôles de personnages respirant la joie de vivre, allant de l'homme du peuple au consul. Wallburg devait avant tout sa popularité à sa voix étrange, qui changeait constamment de registre, ce « gargouillement », imité ensuite des douzaines de fois. Il y avait aussi Willy Rosen, dont les arrangements musicaux très drôles rencontraient un succès enthousiaste sur différentes scènes théâtrales, comme la *Scala* berlinoise et le *Kabarett der Komiker*. Son répertoire de couplets-refrains malicieux était presque infini. À Vienne, l'autre capitale de l'humour juif, brillait Fritz Grünbaum, un petit homme au visage de belette et à la langue bien pendue. Il y avait en outre, crème de la crème, le partenaire de Grünbaum sur les planches, Karl Farkas, un homme à la haute stature, au nez aquilin et au grand talent d'improvisation. En un tournemain, il bricolait des vers de mirliton à partir d'un mot que le public lui lançait :

Un jour, ayant été provoqué par un antisémite râleur qui le mettait au défi de trouver une rime avec

Judenbengel (fripouille de Juif), *il prend une rose dans le vase et en fait une rime : « Voici la rose et voilà la tige* (Stängel). *Voici le Juif* (en se montrant du doigt) *et voilà la fripouille* (Bengel, en montrant l'antisémite) *! »*

Grünbaum et Farkas formaient un duo comme les deux comiques danois Pat et Patachon et étaient au moins aussi célèbres et populaires qu'eux à Vienne. Pendant ce temps, Paul Morgan faisait le bouffon dans les comédies filmées, tandis que Friedrich Hollaender en composait la musique… La liste est sans fin. En deux mots, c'était un festival d'humour juif et la nation tout entière riait de concert. En l'espace de quelques années, tout cela serait terminé. Les considérations pleines d'esprit sur la vie quotidienne, les couplets-refrains ironiques et les revues satiriques tout en finesse, on n'entendit plus rien. Pour plus d'un comique juif, ce serait l'exil ; pour Kurt Gerron, Otto Wallburg, Willy Rosen, Fritz Grünbaum et tant d'autres, ce serait la mort dans la machine exterminatrice d'Hitler.

III

La phase de la prise du pouvoir

« Eh bien ? Tu cherches aussi un p'tit poste ? » L'humour populaire et les réactions à la prise du pouvoir

Les nazis arrivèrent au pouvoir à un moment où ils n'étaient déjà plus au zénith de leur popularité. Aux élections du 6 novembre 1932, le NSDAP resta la formation la plus forte, mais le parti subit un revers désastreux, perdant 2 millions de voix et 34 sièges, alors que ses adversaires sur la frange gauche de l'échiquier politique, mais aussi les nationaux-allemands, enregistraient de nets gains. La route du pouvoir semblait donc barrée, mais les dysfonctionnements du système weimarien ainsi que la présence au sommet de l'État d'une constellation de personnalités incompétentes permirent malgré tout à Hitler d'arriver à ses fins peu de temps après. On sait aujourd'hui à quel point la droite a sous-estimé Hitler et comment les Schleicher, les Hugenberg et autres von Papen ont laissé le démagogue de province les jouer sans peine les uns contre les autres. Rétrospectivement, on comprend difficilement pourquoi les hommes politiques de droite se sont laissé manipuler aussi facilement par Hitler. La cause en est peut-être l'apparence tantôt gauche, tantôt arrogante de ce personnage, qui jouait les braillards dans les tentes à bière. Les manifestations du parti tenaient du tapage circassien ; le Führer se comportait d'une façon bizarre, se lançait dans des tirades sans fin sur les Juifs et le « bolchevisme », prônait la germanité et écrivait des livres confus dans un allemand lamentable. Les dignitaires de Weimar devaient être conscients du caractère délirant et outrancier de l'idéologie nazie. Ils ne considéraient pas pour autant Hitler comme dangereux : au contraire, on croyait pouvoir dompter l'excité en lui confiant des responsabilités. Seule une minorité de contemporains pressentit que l'homme n'était pas uniquement un démagogue de tente à bière, mais aussi un politicien particulièrement futé, capable de louvoyer et de s'adapter habilement. La plupart des gens de droite associaient le NSDAP aux bagarreurs de la SA, qui défilaient dans les rues vêtus de pantalons bouffants, en jouant du chalumeau. Ils sous-estimaient d'une manière impardonnable leur Führer autoproclamé, avec sa petite moustache. C'est ainsi qu'un rapport de police de 1927 émettait le jugement suivant sur les talents oratoires d'Hitler :

> [Hitler] *parle sans texte, d'abord avec une intonation lente ; à certains endroits chargés d'un pathos exagéré, il force la voix et on ne comprend plus très bien. Il fait des gestes des bras et des mains, il exécute des bonds excités et cherche constamment à fasciner les mille têtes qui l'écoutent attentivement. Quand il est interrompu par les applaudissements, il tend*

les mains dans un geste théâtral. Le « Non » qui revient souvent dans le cours du discours rend un son théâtral ; il le souligne volontairement. En soi, sa performance d'orateur… n'avait rien de marquant pour le rapporteur[9].

Hitler, un personnage de blague ? Quand les étranges cortèges de chemises brunes défilaient, des chants « germaniques » sur les lèvres, plus d'un intellectuel de gauche au bord de la rue ne savait sans doute pas s'il devait rire ou pleurer. Ce nouveau mouvement politique plein de morgue avait l'air grotesque. La prise du pouvoir fit figure de mauvaise plaisanterie aux yeux de plus d'un opposant allemand à Hitler. Un témoin de l'époque se rappelle les cortèges de tapageurs bruns :

À la lumière des flambeaux, les visages sous les képis SA ressemblaient presque à ces preux guerriers que « Mjölnir » dessinait dans Der Angriff. *Nous avions souvent souri en voyant ces profils nordiques, nous connaissions mieux les visages amorphes de nos adversaires. Et maintenant, voilà qu'ils défilaient vraiment, en chair et en os, ivres de victoire, en gueulant leur misérable chant préféré :* « Wenn das Judenblut vom Messer spritzt, dann geht's noch mal so gut[10] (« Quand le sang juif giclera sous le couteau, tout ira beaucoup mieux ! ») *!* »

Ces bandes de brutes ne comprenaient pas la plaisanterie et leurs meneurs ne pensaient qu'à tuer. L'idéologue en chef du Führer, Alfred Rosenberg, disait peu après

9. Cf. Fest, vol. 1, p. 306-307.
10. Cité d'après Focke/Strocka, p. 15.

la prise du pouvoir : « Le grand nettoyage va maintenant commencer dans tous les domaines ». Le cabinet Hitler se réunit pour la première fois en janvier 1933. Le nouveau chancelier du Reich était « encadré » par ses partenaires de coalition, von Papen, Hugenberg et Blomberg. Les représentants du camp conservateur succombèrent au charme de prédateur d'Hitler ; ils se laissèrent éblouir par les défilés et les mises en scène bariolées des premiers jours et ne furent bientôt plus que des marionnettes entre les mains du führer nazi qui, lui, agissait avec bien plus de suite dans les idées. L'air du temps semblait être du côté des nationaux-socialistes : en peu de temps, étape par étape, le système de Weimar fut vidé de sa substance. Le plan d'Hitler, qui voulait faire disparaître la démocratie des partis par la « voie légale », fut réalisé avec une rapidité étonnante. La raison n'en était pas seulement la méthode sans scrupules et terriblement efficace des nazis, mais également la résistance molle des autres forces politiques. Les mécanismes de défense des institutions de Weimar étaient en outre affaiblis par l'état d'esprit des citoyens eux-mêmes. Hitler réussit à créer un sentiment général de renouveau en mobilisant les forces libérées par sa prise du pouvoir. Le nouvel enthousiasme suscité à travers le courant dominant de la société allait de pair avec le profond soulagement – et même la joie – d'assister bientôt à la fin de la démocratie. Aux yeux des gens, le vieux système semblait inefficace, réactionnaire et incapable de résoudre les problèmes. Ce que quinze ans de République de Weimar n'avaient pas réussi à faire, Hitler le réalisa presque du jour au lendemain : il gagna le cœur du peuple. Le grand changement et la nostalgie du pouvoir fort firent que les critiques à l'adresse d'Hitler passèrent à l'arrière-plan. L'humour aussi s'adapta à l'ère nouvelle – il passa dans le camp des vainqueurs, mais n'en devint pas meilleur pour autant. Le cabarettiste Dieter Hildebrandt, adolescent sous le IIIe Reich, décrit ainsi une soirée de divertissement de la *Hitlerjugend*, où les aînés des enfants donnaient un spectacle de cabaret :

> *De quoi s'agissait-il ? De ce qui touchait les gens, de ce à propos de quoi ils pouvaient éclater de rire, de cette vieille République de Weimar toute pourrie, de la démocratie. Toute la population est accourue, ils se tordaient de rire. Le soir, les jeunes ont joué au jeu du Reichstag. Quelques garçons étaient déguisés en députés du Reichstag ; l'un d'eux a dormi tout le temps. Soudain, un réveil a sonné, le public s'est alors remis à pousser des cris enthousiastes. Le deuxième garçon avait un défaut de prononciation, le troisième a pété. Conclusion : on s'est foutu de la pourriture du régime démocratique sous toutes ses coutures, toute la soirée. Le public ne s'en lassait pas. C'était ça l'ambiance. À l'époque, on disait d'ailleurs sans cesse que les Allemands ne refusaient pas la démocratie : ils la détestaient carrément. Mais ils ne voulaient plus non plus de la monarchie, elle les rebutait. Les nazis tombaient donc à pic.*[11]

La population éprouvait tout au plus du mécontentement vis-à-vis des méthodes rudes des bonzes du parti, qui accaparaient sans la moindre gêne les postes de direction dans la société. À la police comme dans les administrations, les supérieurs furent partout évincés

11. Notre trad.

et remplacés par des hommes de confiance, qui suivaient la ligne du parti. Tout cela se déroula à un rythme démoniaque. Dans le plus grand appareil administratif de l'Allemagne, le ministère prussien de l'Intérieur, des douzaines de « commissaires à titre honorifique » chargés de l'« épuration » politique furent par exemple engagés et procédèrent immédiatement à des licenciements et de nouvelles nominations.

Tout le monde ne se réjouissait pas de voir arriver ces nouveaux collègues nazis venus de l'extérieur. Dans les histoires drôles de l'époque, on trouve beaucoup de piques contre ces parvenus. Chacun se souciait surtout de sa propre planque, qui semblait soudain menacée. Le nouveau directeur, le nouveau haut commissaire, le nouveau chef de département – un nazi ? Quelles conséquences cela aurait-il ? Pourrait-on s'arranger avec les supérieurs nationaux-socialistes ? Telles étaient les inquiétudes de nombreuses personnes, qui s'exprimaient à travers des blagues sarcastiques comme celle-ci :

> *Que signifie l'abréviation N.S.D.A.P. ? Réponse : Na ? Suchst Du auch Pöstchen ?* (« Eh bien ? Tu cherches aussi un p'tit poste ? »)

La peur de perdre des postes de pouvoir et des fonctions lucratives au profit des nazis n'était pas injustifiée. Elle préoccupait davantage les gens que le souci de leur prochain, des Juifs ou des opposants, auxquels les nazis avaient prédit un sort affreux dès avant la prise du pouvoir. Chacun était avant tout son propre prochain, notamment en ce qui concernait les soucis pour l'avenir. Quand on parle avec des témoins de l'époque et qu'on analyse les histoires drôles sur les fonctionnaires et les gardiens de bloc nationaux-socialistes, on en arrive à la conclusion que les citoyens de l'Allemagne hitlérienne ne prenaient pas les petits bonzes nazis particulièrement au sérieux. La population ne les considérait pas comme les exécutants d'un régime fondamentalement criminel, mais comme des personnages de caricatures replets qui s'incrustaient dans la vie publique par des moyens déloyaux :

> *Qu'est-ce qu'un réactionnaire ? Réponse : le détenteur d'un emploi bien rémunéré convoité par un nazi !*

La blague suivante, de même type, mais en plus original, était très répandue :

> *Une cuisinière, qui devait préparer des pommes de terre sautées sans graisse, commença à agiter le drapeau à croix gammée au-dessus du four. Comme on lui demandait pourquoi elle faisait cela, elle répondit : « Beaucoup de gens ont déjà bien engraissé sous ce drapeau ! »*

Joachim von Ribbentrop était un de ces bonzes puissants qui n'y allaient pas de main morte et la luxueuse villa « Fuschl » est un exemple de sa cupidité : Ribbentrop était tombé amoureux de cette demeure du baron Remiz après l'« Anschluß » de l'Autriche. Il fit exproprier le propriétaire sans coup férir. La nouvelle comme quoi « Ribbensnob » (son sobriquet populaire) avait mis le grappin sur ce fleuron architectural se propagea à la vitesse de l'éclair[12]. Le comportement dénué de tout scrupule de Ribbentrop et des autres

12. Cf. Wiener, p. 85.

dirigeants nazis choqua la population bien plus que les terribles pogroms. Les doutes qui se manifestèrent alors trouvèrent un écho dans la blague politique suivante :

> *Un homme téléphone : « Allô, je suis bien chez Müller ? – Qui, s'il vous plaît ? – Müller, je suis bien chez Müller ? – Non, c'est Schmidt à l'appareil ! – Ah, excusez-moi, j'ai fait une erreur ! » Là-dessus Schmidt, résigné : « Je vous en prie, nous avons tous fait une erreur ! »*

Pendant les premières années, il n'y eut cependant pas de majorité contre Hitler, même si son gouvernement devait son existence non à la volonté démocratique de l'électeur, mais bien à la décision irresponsable du président du Reich. Au contraire, les témoins de l'époque interrogés à ce sujet sont unanimes pour dire qu'ils se souviennent des années d'avant-guerre comme étant les « bonnes années » du IIIe Reich, une phase où le chômage avait reculé et où la confiance des Allemands avait à nouveau augmenté après une décennie d'incertitude et de dépression profondes. Si l'on tient compte des mesures de contrainte, entrées immédiatement en vigueur, de l'agression que constitua la suppression des libertés civiles, ainsi que des actes de violence contre les dissidents et les Juifs, cette attitude peut paraître cynique. Or elle était étonnamment répandue : chacun se préoccupait d'abord de lui-même, dans cette communauté populaire toute récente. L'essor économique bientôt perceptible et l'optimisme juvénile que dégageaient les nazis masquaient les zones d'ombre du régime. Hitler réussit en outre à faire passer pour un « soulèvement national » son appropriation brutale du pouvoir, qui se fit sentir jusqu'au dernier échelon de l'administration. Il n'y eut pratiquement aucune opposition ouverte au « renouveau » proclamé par le tout nouveau ministère de la Propagande ; l'imposture idéologique mise en scène par Goebbels s'avéra incroyablement efficace : il avait fallu sept ans à Mussolini pour conquérir en Italie la toute-puissance que les nazis acquirent en quelques mois seulement. Les forces parlementaires restantes furent facilement réduites à néant, probablement en partie parce qu'il leur manquait le soutien d'une population lasse de la démocratie. Les gens dans la rue refoulèrent le malaise qu'inspirait la méthode précipitée et brutale d'Hitler : ils s'adaptèrent au nouvel esprit du temps, occultant et ignorant les conséquences horribles qu'eurent à subir beaucoup de leurs concitoyens. L'afflux massif de nouveaux membres enregistré par le NSDAP est symptomatique des mois qui suivirent la prise du pouvoir. Des gens de toutes tendances politiques rejoignirent le parti nazi, les transfuges étant particulièrement nombreux chez les communistes. Ce n'est pas sans un étonnement amusé que la population, mais aussi Hitler en personne, regardèrent se gonfler les rangs des « violettes de mars »[13]. L'humour populaire se moquait des transfuges :

> *Le* [Reichsarbeitsführer] *Dr. Ley visite une usine et demande ensuite au directeur quelles sont les opinions des ouvriers. « Il y a encore des sociaux-démocrates ? – Oui, 80 %. – Et des gens du Centre ? – Certainement, 20 % – Oui, mais vous n'avez donc*

---

13. Terme utilisé par les nazis pour désigner leurs compatriotes ayant rejoint le parti sur le tard.

aucun national-socialiste ? – Si, ils le sont tous maintenant ! »

Mais en général, les histoires drôles du début de l'époque hitlérienne ne dépassèrent jamais le stade des petites taquineries : celles-ci se racontaient librement, comme par exemple les blagues d'aujourd'hui sur les « Frisons de l'Est[14] ». Le Berlinois Carl-Ludwig Schulz, un témoin de l'époque, explique : « Ce n'est pas que nous ayons eu peur, mais une sorte de “politiquement correct” s'était installé en Allemagne, qui ne devait faire place à des mesures de répression concrètes que pendant les années de guerre ». Les blagues évoquaient rarement des excès de brutalité du régime.

« Soigne-le toi-même ! » Les blagues sur le « salut allemand »

On riait beaucoup plus des nouvelles habitudes nazies, qui ne manquaient pas d'un certain ridicule. Le « salut allemand », ce geste bizarre copié par Hitler sur les fascistes italiens et propagé avec beaucoup d'insistance, était une de ces coutumes. « Si tu entres dans un endroit en tant qu'Allemand, ton salut sera “Heil Hitler” » : telle était la maxime recommandant partout de montrer cette preuve énergique de fidélité. Seuls les nazis à « cent cinquante pour cent » s'accoutumèrent à cette mauvaise habitude qu'était le bras tendu, raide, à hauteur des yeux. Cela ne l'empêcha pas d'être imposé sans délai dans tous les bureaux d'administration et même dans tout

14. Terme désignant les habitants de Frise orientale, région de Basse-Saxe située au nord-est des Pays-Bas.

le service public. Les Colonais réagirent à l'introduction du salut allemand en racontant une blague salée, dont les protagonistes étaient les deux célébrités comiques locales, Tünnes et Schäl :

> *Tünnes et Schäl marchent à travers champs ; Tünnes glisse soudain sur du fumier et manque de tomber. Il tend crânement la main droite en criant : « Heil Hitler ! – T'es cinglé ?, demande Schäl inquiet. Qu'est-ce que tu fous comme bêtise ? Tu vois bien qu'il y a personne dans le coin ! – Je suis le règlement à la lettre, répond Tünnes tout brave. On dit bien que quand on entre quelque part pour faire ses commissions, on doit faire le salut "Heil Hitler". »*

L'arrière-pensée qui se cachait derrière cette nouvelle coutume imposée par la contrainte était moins drôle. Pour les nazis, le « salut allemand » servait de test de vérité grâce auquel on pouvait rapidement savoir si l'interlocuteur était un sympathisant ou un adversaire politique. Il va de soi que les anciens sociaux-démocrates ou communistes n'étaient pas tous enthousiastes devant ce geste étrange. Celui qui n'obéissait pas gentiment devait cependant s'attendre à en subir les conséquences. Dans le cas d'un enfant qui avait refusé à plusieurs reprises de faire le salut à l'école, les autorités allèrent jusqu'à retirer le droit de garde aux parents. Ces faits se produisirent toutefois en 1940, quand la situation politique s'était déjà considérablement aggravée ; à cette époque, on s'était déjà habitué au salut, mais au début de la période nazie, la perplexité était grande. Durant les premières années, ce n'est pas pour rien que le « salut allemand » constitua une constante de l'humour politique. Le bon sens populaire expliquait sur un ton moqueur que, tant que tous les gens diraient « *Heil Hitler* », on ne connaîtrait plus de « bonjours ». D'un point de vue humoristique, la blague suivante est plus réussie que la plupart des histoires drôles de l'époque :

Hitler visite un asile. Les patients font gentiment le « salut allemand ». Mais soudain, Hitler aperçoit un homme qui fait bande à part. « Pourquoi ne saluez-vous pas comme les autres ? » lui lance-t-il. Là-dessus l'homme répond : « Mein Führer, je suis l'infirmier, je ne suis pas fou ! »

La blague sur le docteur des fous qui aurait répondu au salut « *Heil Hitler* (Salut à Hitler – Soigne Hitler) » en disant « Soigne-le toi-même ! » est moins créative. La plupart des boutades sur ce sujet ingrat étaient construites sur le même modèle. Le comique munichois Karl Valentin fut tenu à tort pour l'auteur de celle-ci :

En passant devant un marchand d'herbes médicinales (Heilkräuter), *un ivrogne lit dans l'étalage : « Herbes médicinales,* Heilkräuter. » « Heil Kräuter », *dit-il en méditant,* « Heil Kräuter... *On a enfin un nouveau gouvernement ! »*

Les déformations de mots étaient très prisées – surtout chez ceux qui ne s'identifiaient pas à l'idéologie nazie et voulaient éviter de faire le salut qui les rebutait. Parmi les variantes sans doute les plus usitées, on comptait le « *Drei Liter* » des habitués des cafés, une imitation phonétique du salut allemand, ainsi que la contraction de « *Heil Hitler* » en « *Heitler* ». Nous devons la déformation la plus originale aux *Swing-Heinis*, des adolescents qui, tout à l'opposé de la vogue des Chemises brunes, se laissaient pousser les cheveux et écoutaient le swing interdit (« musique de nègres » en jargon nazi). Ces jeunes anars se saluaient en levant le bras et en prononçant la formule « *Swing Heil* »[15]. Le salut allemand, comme nous l'avons déjà dit, était en réalité un salut italien : le bruit circulait donc que, lors d'une réception d'État, Mussolini aurait tendu le bras à Hitler, en criant « *Ave imitator !* ».

La meilleure réponse au salut hitlérien vint toutefois d'un forain de Paderborn, qui faisait tendre le bras droit à ses chimpanzés dressés – un geste qu'ils répétaient volontiers et abondamment, comme le rapporte son fils. Chaque fois qu'ils apercevaient un uniforme, même si ce n'était que le facteur, les animaux faisaient aussitôt le salut hitlérien avec le bras tendu. Cependant, tous les membres du parti nazi n'appréciaient pas les singes nazis. L'initiative d'allure dadaïste du forain, un social-démocrate convaincu, fut dénoncée aux autorités par des *Volksgenossen* (camarades du peuple) zélés. Peu après fut promulgué un décret interdisant aux singes de faire le salut hitlérien. En cas d'infraction, il serait procédé à l'« abattage »[16]. Quand l'hommage au Führer était en cause, les nazis n'avaient aucun sens de la plaisanterie.

« Qui a incendié le Reichstag ? »

Le 27 février 1933, le Reichstag brûla. Les nationaux-socialistes virent dans cet événement une aubaine exceptionnelle, dont ils tirèrent profit avec un aplomb

---

15. Cf. Allert, p. 25.
16. Cf. Allert, p. 87.

instinctif : l'incendie du Reichstag leur fournit un prétexte pour accélérer l'élimination de leurs adversaires politiques et démanteler l'ordre démocratique.

Göring fut le premier dirigeant nazi sur les lieux, Hitler arriva un peu plus tard. Ils décidèrent tous les deux, alors qu'ils étaient encore devant le Parlement en flammes, d'attribuer la faute aux communistes et aux sociaux-démocrates. Ils interprétèrent aussitôt l'incendie comme le début d'un soulèvement communiste. En réalité, les erreurs d'appréciation flagrantes de la direction du parti et la perte du soutien de la population avaient à ce point affaibli les communistes qu'ils n'étaient plus guère capables de déclencher une révolte concertée et d'ampleur nationale. Pour Hitler et Göring, le fait que le danger fût réel ou prétendu tel n'avait aucune importance. Ils profitèrent du moment avec une immense présence d'esprit en faisant arrêter sur le champ 4 000 fonctionnaires du parti communiste, dont le secrétaire général, Ernst Thälmann. Une autre vague d'arrestations fut dirigée contre des écrivains, des médecins et des avocats mal vus du pouvoir, parmi lesquels de grands noms comme Erich Mühsam et Carl von Ossietzki. Dès le lendemain, Hitler se présenta chez Hindenburg et décrivit au vieux président, en la dramatisant, la gravité de la situation. Hindenburg se laissa impressionner par le tableau criant d'horreur que lui dressait Hitler et signa un décret d'urgence (*Notverordnung*) qui supprimait *de facto* les droits fondamentaux de la République de Weimar. Une étape décisive vers la mise en place de la dictature fut ainsi franchie par Hitler. Le décret de l'incendie du Reichstag permit des arrestations arbitraires qui ne pouvaient être contestées devant aucune instance judiciaire. Il élargit le champ d'application de la peine de mort et permit en outre au Reich d'assurer partout la « sécurité » et l'« ordre » publics, ce qui constituait une grave ingérence dans les compétences des Länder.

Jusqu'à aujourd'hui encore, la rapidité et la méthode avec lesquelles les nazis prirent ces mesures après l'incendie du Reichstag ont nourri les spéculations sur l'identité des vrais incendiaires. Alors qu'après la guerre l'opinion prévalut longtemps que Göring était le responsable, l'incertitude régna généralement juste après les faits. Les opinions politiques de tout un chacun, plutôt que les rares éléments d'enquête disponibles, décidèrent la plupart du temps de qui croyait quoi. Ceci était aussi valable pour la presse étrangère. Alors que certains journaux chuchotèrent immédiatement que les nazis avaient eux-mêmes incendié le Reichstag, d'autres firent seulement état de la confusion générale qui régnait à propos de la véritable identité de l'auteur des faits[17].

Aucun sympathisant de l'opposition n'était prêt à croire que le Néerlandais Marinus van der Lubbe, un homme souffrant de troubles psychiques et à moitié aveugle, qui avait été appréhendé sur le lieu de l'incendie, ait pu mettre le feu au lourd mobilier du Reichstag seul et à l'aide de quelques allume-feux. Victor Klemperer nota dans son journal : « (Huit jours avant l'élection,) l'incendie du Reichstag – je ne peux m'imaginer un instant que quiconque puisse croire

17. Cf. Steinert, p. 264.

vraiment à une action des communistes plutôt qu'à un coup monté à l'instigation et à la solde des croix gammées.[18] » Un autre témoin de l'époque, Rolf Rothe, exprima son sentiment ainsi :

Van der Lubbe : comment ce type aurait-il pu incendier le Reichstag tout seul ? Personne n'est capable de faire ça, mettre le feu à un grand bâtiment en pierre comme celui-là ! Personne ne l'a cru : ça aurait été complètement absurde !

L'incendie du Reichstag, avec tout son contexte douteux, était un sujet rêvé pour les plaisantins. Des blagues innombrables circulèrent bientôt sur le déroulement des faits, accusant les nazis ouvertement et avec des piques plus ou moins réussies d'être les incendiaires. On distingue deux catégories d'histoires drôles : dans la première, c'est la SA (ou la SS), crainte et détestée par de larges couches de la population, qui est responsable du crime :

Un père et son fils sont assis à table et mangent. Le fils demande : « Mais papa, qui a incendié le Reichstag ? » Là-dessus, le père, sèchement : « Ess, ess (SS), mange, mange et ne pose plus de questions ! »

« Qui a mis le feu au Reichstag ? » « Les frères Sass. » (Sa + SS)

« Quelle est la différence entre un ordre de la Reichswehr et un ordre de la SA ? » « Dans la

18. Klemperer, vol. 1, p. 22.

Reichswehr, on dit : "Visez, feu !" et dans la SA, "Mettez le feu, faites-vous voir !" »

Dans la deuxième catégorie de blagues, ce ne sont pas les bandes de casseurs de la SA qui sont accusées d'avoir mis le feu, mais Hermann Göring. Le fait qu'on lui ait imputé le crime s'explique par plusieurs raisons. Il s'était d'abord rendu lui-même suspect en réagissant avec sang-froid et vite. Comme Premier ministre de Prusse, il pouvait exercer une influence directe sur l'exécutif, une compétence dont il ne manqua pas de faire usage. Ensuite, lors du procès de l'incendie du Reichstag, qui devait être en réalité un simulacre de procès contre les communistes, son intervention devant le tribunal fut tellement lamentable que la population commença à douter de sa crédibilité. Personne n'oublia la stratégie offensive adoptée pour sa défense par Georgi Dimitrow, un cadre du parti communiste, dont le talent oratoire poussa publiquement Göring dans ses derniers retranchements. Le procès se termina par l'acquittement des communistes – une défaite pénible pour les nazis. Aucune puissance au monde ne put remettre dans sa bouteille le génie qui hantait désormais les esprits. Au cours du procès, Dimitrow avait émis le soupçon que les bruns auraient provoqué eux-mêmes l'incendie. Cette accusation passa en direct sur les ondes et aucun retour en arrière ne fut possible. Le soupçon jamais prouvé, mais tenace, se répandit jusque dans les habitations les plus reculées. Pas de doute, il s'agissait là d'une perche tendue aux moqueurs :

Le soir du 27 février, l'aide de camp de Göring pénètre précipitamment dans le bureau de son chef :

« Herr Ministerpräsident !, crie-t-il. Le Reichstag brûle ! » Göring regarde sa montre en secouant la tête, incrédule : « Déjà ? »

« J'ai vu Göring dans la Leipziger Straße hier. » « Ah bon ? Il y avait un incendie ? »

On ne saura sans doute jamais si Göring était vraiment responsable de l'incendie du Reichstag : les traces sont effacées depuis longtemps et les dépositions des témoins étaient trop contradictoires. On peut seulement supposer que ni Goebbels ni Hitler n'étaient au courant de l'attentat : ils réagirent tous les deux avec étonnement et même incrédulité à la nouvelle annonçant que le Reichstag était en flammes. D'après l'état des recherches, le déroulement le plus probable – quoique le moins spectaculaire – des faits serait que Van der Lubbe ait allumé l'incendie tout seul. Il est douteux que quelqu'un l'y ait incité, les communistes n'avaient aucune raison de commettre cet acte et il n'existe pas de preuves tangibles de complicité active ou passive des nazis. Une chose reste sûre : à partir du 27 février pesa sur la SA et Göring (alors Premier ministre prussien) un vilain soupçon, qui fut colporté à travers de nombreuses blagues. Malgré leur colère, due à l'issue pénible du procès, et les dommages que subit leur réputation, les nazis avaient franchi avec l'incendie du Reichstag une étape décisive vers la consolidation de leur pouvoir. Ils s'en tinrent en apparence au « cours légaliste » voulu par Hitler dans le processus de contournement de la Constitution de Weimar, alors que, dans les faits, ils suivaient la maxime, déjà expérimentée, mais pas moins détestable pour autant, selon laquelle on pouvait imposer un maximum de cruautés au peuple au commencement d'un nouveau pouvoir.

La mise au pas vue à travers l'humour politique

Le démantèlement de l'État de droit fut entrepris avec une détermination incroyable dans les mois qui suivirent la prise du pouvoir. Le but de cette opération destructrice était la *Gleichschaltung* (« mise au pas », littéralement : « synchronisation ») de la société allemande. C'est ainsi que le 4 février 1933 fut promulgué le décret « pour la protection du peuple allemand », à l'aide duquel le nouveau gouvernement put interdire arbitrairement les publications et les manifestations des adversaires politiques. Les journalistes furent instamment priés par Hitler de ne pas commettre d'« erreurs » dans la couverture de l'événement. Ce bon « conseil » était accompagné de toutes sortes de sombres menaces. Tout s'enchaîna alors coup sur coup : le drapeau noir-rouge-or de la République de Weimar fut remplacé par celui à la croix gammée, et la structure fédérale de la vieille Allemagne détruite en un tournemain. Cette « mise au pas des Länder avec le Reich » se fit sans aucun scrupule. En Bavière, Himmler et Röhm forcèrent le ministre-président en fonction, Heinrich Held, à démissionner. Göring fit tabasser toute personne s'opposant à la campagne en faveur du « redressement national ». L'emballement du rythme de la mise au pas, le déchaînement des SA, le mélange de « teutomanie » et de brutalité pure et simple ne ratèrent pas leur effet sur la population. Le nouveau régime se montra sous ses deux visages, l'un rayonnant d'euphorie nationale, l'autre sombre et menaçant.

Celui qui ne se laissait pas contaminer par la bonne humeur des Chemises brunes faisait l'objet d'intimidations systématiques. Un inventeur de blagues inconnu trouva les paroles suivantes pour décrire l'atmosphère au sein de la population :

> *Depuis la mise au pas des Länder, nous sommes comme un seul peuple ; il n'y a plus de Prussiens, plus de Bavarois, plus de Thuringiens, plus de Saxons, il n'y a plus que des Braunschweigois, des Braun-Schweiger bruns et muets.*

La boutade est pleine d'ambiguïté : elle nous dit d'un côté que la mise au pas servait à faire taire les Allemands et décoche par ailleurs un coup à l'ancien Land de Braunschweig (Brunswick), dont le gouvernement nazi (un des premiers) avait accordé la citoyenneté allemande à Hitler. Sans cette naturalisation, Hitler n'aurait pas pu être nommé chancelier.

Le Brunswick était gouverné par les nationaux-socialistes depuis les élections à la Diète régionale en septembre 1930. Le gouvernement provincial brun ne joua pas seulement un rôle décisif dans la désignation du chancelier du Reich, il contribua aussi largement à la mise au pas de l'Église protestante. Sous la République de Weimar, l'État avait été sécularisé, l'Église ne reçut plus que des subventions réduites et, dans certaines régions, la tutelle des écoles primaires lui fut retirée. Cela avait laissé une grande amertume chez les ecclésiastiques. Dès que les nazis eurent conquis le pouvoir au Brunswick, une opération séduction sans précédent débuta. Le nouveau gouvernement réintroduisit la prière dans les écoles et régla les subventions non versées.

Ces mesures s'avérèrent efficaces : un tiers des pasteurs braunschweigois adhérèrent au parti NSDAP et bientôt la croix chrétienne et la croix gammée figurèrent côte à côte dans le bulletin diocésain. Après la prise du pouvoir dans l'ensemble du Reich, la campagne favorable aux Églises se poursuivit à grande échelle : les cérémonies officielles entourées du cérémonial religieux se suivaient et Hitler ne perdait pas une occasion de remercier Dieu pour sa toute-puissance récemment acquise. Tout cela n'était bien sûr que de la poudre aux yeux, dans le seul but de convaincre les Églises d'aligner leur position sur celle du parti national-socialiste. Le succès de ce chef-d'œuvre de propagande ne se fit pas attendre. Des ecclésiastiques apparurent bientôt en chemise brune et bottes de cavalier aux services religieux. On disait toujours avec un clin d'œil : « Même Hitler ne pourra rien contre l'encens et l'ail (les chrétiens et les juifs) », mais on dut désormais admettre que ces prophètes s'étaient trompés. C'est surtout au sein de l'Église protestante, moins hiérarchisée, qu'eurent lieu des luttes de tranchées entre les « Chrétiens allemands » nationaux-socialistes et la « Ligue pastorale de secours » du pasteur berlinois Martin Niemöller. Les protestants nazis avaient à leur tête le pasteur militaire Ludwig Müller, qu'Hitler avait d'abord connu à Königsberg et nommé plus tard évêque du Reich. Müller était un personnage glauque, dont l'intelligence n'était pas à la hauteur de celle de ses adversaires de l'Église « confessante », les Niemöller et autres Wurm. La population se moquait de l'évêque du Reich, qu'elle appelait « Reibi », l'abréviation de « Reichsbischof », et inventa d'innombrables anecdotes plus ou moins comiques à son sujet :

> *Quand Goebbels publia son livre* Du Kaiserhof[19] à la Chancellerie du Reich, *sa renommée littéraire empêcha l'évêque du Reich de dormir. Il écrivit également un livre, intitulé* Du cierge au candélabre.

On racontait que les pasteurs durent dorénavant porter une robe blanche car ils étaient les valets du meunier (*Müllersknechte*). On disait aussi que l'évêque du Reich avait la peau si dure qu'il n'avait pas besoin d'échine. Malgré cette flagrante erreur de casting à la tête des « Chrétiens allemands », les nazis réussirent à trouver avec les deux Églises un arrangement, qui ne tint toutefois qu'en faisant régner la terreur en permanence. Cela n'empêcha pas les ecclésiastiques critiques vis-à-vis du régime de continuer à jouir de la sympathie de la population, d'autant plus que, depuis la mise au pas et les purges des premières années, ils étaient les seuls à représenter un mode de foi en concurrence avec le national-socialisme. Dans une blague, un opposant, l'évêque catholique de Münster, était appelé par son nom :

> *L'évêque de Münster, comte von Galen, s'oppose dans une homélie à l'éducation des jeunes par la* Hitlerjugend. *Quelqu'un l'interrompt : « Comment un homme qui n'a pas d'enfants peut-il prétendre parler de l'éducation des enfants ? » Là-dessus Galen : « Je ne puis tolérer une telle critique personnelle à l'adresse du Führer dans mon église ! »*

Ce n'est pas par son action en faveur de la jeunesse, mais bien par la manière courageuse dont il protesta

19. Hôtel situé en face de la Chancellerie, quartier général et résidence d'Hitler avant la prise du pouvoir.

contre le « programme d'euthanasie » des nazis – malgré l'épée de Damoclès suspendue au-dessus de sa tête – que l'évêque de Münster fit tant d'impression sur la population allemande. Grande fut l'indignation provoquée par le meurtre de malades mentaux, qu'un conseiller ministériel wurtembergeois justifia en se servant d'arguments pseudo-théologiques absurdes :

> *Le cinquième commandement, « Tu ne tueras point », n'est pas un commandement de Dieu, mais une invention juive à l'aide de laquelle les Juifs, les plus grands meurtriers de l'histoire mondiale, tentent régulièrement de persuader leurs ennemis de ne pas se défendre avec énergie, pour pouvoir les liquider plus facilement ensuite*[20].

Alors que Clemens August, comte von Galen, « le lion de Münster », comme l'appelle la tradition populaire, survécut au IIIe Reich, d'innombrables ecclésiastiques furent déportés et assassinés au « bloc des prêtres » du camp de Dachau. Les persécutions d'opposants hommes d'Église ont sans doute inspiré ceux qui, dans le peuple, ont imaginé ces dates de saints tout à fait d'actualité :

> *Maria Incarcerata*
> *Maria Denunciata*
> *La Perquisitation de Marie*

Le *Pater Noster* latin fut également adapté à l'air du temps : au lieu de « *et ne nos inducas in tentationem* » (Et ne nous soumets pas à la tentation), la prière devint

---

20. Focke/Strocka, p. 143.

« *et ne nos inducas in concentrationem* », une allusion aux camps de concentration.

Le non-droit des années nazies fut aussi rendu possible par la mise au pas de la justice, un domaine relevant jusqu'alors de la compétence des Länder, mais transféré au Reich en 1935. Dès après la prise du pouvoir, le corps des juristes – dont les opinions politiques étaient traditionnellement conservatrices – reçut une formation le destinant au travail dans l'État de non-droit. La *Bund Nationalsozialistischer Juristen* (Fédération des juristes nationaux-socialistes) forma à cette fin de jeunes juges, procureurs et avocats. La nouvelle doctrine voulait que les jugements soient prononcés dans le sens voulu par le gouvernement, sans toutefois coller à la loi. À la place de la sécurité juridique, le « bon sens populaire » fut prôné – un euphémisme oratoire qui ouvrit la porte toute grande à la justice de la terreur en chemise brune. Le non-respect de la Constitution allemande qui s'en-suivit fut également perçu avec inquiétude par certaines franges de la population, comme le laissent deviner les « articles de loi » suivants, prétendument destinés à être promulgués :

§1 Quiconque entreprend ou omet d'entreprendre quelque chose sera puni.
§2 La peine sera déterminée en fonction du bon sens populaire.
§3 Le bon sens populaire sera déterminé par le Gauleiter.

Pourquoi le système devait-il encore avoir une justice ? Même sous le IIIe Reich, tout le monde ne le savait pas.

L'injustice était trop criante, la terreur était trop extrême et arbitraire, et ce depuis le début. L'histoire drôle qui suit n'a en réalité rien de drôle et la boutade obéit à une logique du désespoir :

En Suisse, un bonze nazi se renseigne sur l'utilité d'un bâtiment public. « C'est notre ministère de la Marine », répond le Suisse. Le nazi rit et se moque : « Vous autres avec vos deux ou trois bateaux, quel besoin avez-vous d'un ministère de la Marine ? » Là-dessus le Suisse : « Oui, et pourquoi avez-vous encore besoin d'un ministère de la Justice en Allemagne ? »

Même durant les dernières années de guerre, alors qu'à l'Est, des milliers de Juifs étaient assassinés chaque jour, les nazis ne voulurent pas renoncer aux apparences de l'État de droit ; nous parlerons plus loin des jugements injustes et draconiens prononcés par la sinistre *Volksgerichtshof* (Cour de justice populaire). Pendant l'année de la prise du pouvoir (qui était encore placée sous le signe de la « Révolution légale » imaginée par Hitler), les nazis, avec une grande énergie criminelle, préparèrent le terrain pour la création du nouvel État de non-droit. Coup sur coup, des lois furent promulguées, qui faisaient du citoyen la victime consentante des autorités. Le 28 février 1933 déjà fut instaurée la tristement célèbre « détention de protection », qui permettait d'emprisonner les adversaires politiques sans aucune procédure judiciaire. Un trait d'humour lugubre disait que la brutalité primait sur la légalité.

La mise au pas de l'administration, de l'Église et de la justice fut accompagnée d'une épuration de la vie culturelle par les nationaux-socialistes. Dès les premiers mois qui suivirent la prise du pouvoir, Goebbels et son tout nouveau ministère de la Propagande firent main basse sur la culture en Allemagne. Celui qui voulait devenir écrivain, artiste ou comédien devait désormais être membre de la *Reichskulturkammer* (Chambre culturelle du Reich) ou d'un de ses organes spécialisés. Celui qui était exclu de cette association étatique était *de facto* frappé d'interdit professionnel. De toute façon, on n'y allait pas de main morte avec les artistes qui n'étaient pas en odeur de sainteté : au printemps de l'année 1933, pas moins de 250 écrivains allemands et autrichiens de grand renom, comme Thomas Mann, Lion Feuchtwanger et Stefan Zweig avaient déjà pris le chemin de l'exil ; les œuvres des auteurs tombés en disgrâce furent brûlées publiquement et avec grand faste, en prononçant d'étranges « incantations devant le bûcher ». Au lieu de s'opposer aux autodafés, d'éminentes personnalités du monde artistique telles que Gustav Gründgens et Gerhart Hauptmann, ou même des amis des écrivains proscrits, firent acte d'allégeance aux nouveaux dirigeants. En coulisses, on se plaignait certes amèrement du nivellement par le bas pratiqué par le « Chancre culturel du Reich », mais la plupart des artistes préférèrent s'aplatir et s'adapter aux temps nouveaux.

C'est tout aussi rapidement et sans le moindre heurt que Goebbels mit la presse au pas : les journaux d'opposition furent interdits, d'autres furent financièrement mis à sec à la suite d'une guerre des abonnés subventionnée par l'État. Mais le nouveau ministre de la Propagande veilla minutieusement à ce qu'une certaine diversité journalistique des journaux restants soit maintenue : toutefois, seule la présentation des articles en bénéficiait et nullement leur contenu rigoureusement national-socialiste, qui était dicté depuis les plus hautes sphères de l'État central.

Aussi bizarre que cela puisse paraître aujourd'hui, la suppression de la liberté de la presse fut saluée avec joie par plus d'un contemporain de l'époque. Le comique munichois Weiß Ferdl, vedette des planches bavaroises et sympathisant nazi de la première heure, composa même un petit lied gaillard dans lequel il vantait les mérites de la mise au pas : ce n'est donc pas par hasard que la presse nazie a témoigné sa reconnaissance en faisant l'éloge de son barde. Il ne fallait pas voir non plus la moindre ironie dans les vers bien « gentils » que composait le chanteur populaire pour cracher son venin sur la musique de « niggers » et la liberté de presse :

Il y avait tellement de partis,
Et donc tellement de frictions,
Jusqu'à ce que parle un ingénieur :
Ça ne marche plus, les Allemands.
Fini, les courants alternatifs,
Nous voulons le courant continu !
Il a tout coupé et commuté.
Mis au pas, mis au pas.

Quand on lisait les journaux,
On se sentait tout bête.
L'un disait « Bravo, très bien. Heil ! »
L'autre disait « Pouah », tout le contraire.
Maintenant, tu le gardes, ton argent,
Tu n'en lis qu'un et tu comprends :
Partout le même et mis au clair,
Mis au pas, mis au pas.

[…]

On n'entend plus de saxophone,
Ni ne danse rumba, charleston,
Fini le jazz et les danses de niggers,
On n'est plus du tout meschugge.
On entend de vieilles chansons,
Marches viriles et chants allemands,
Qu'on aime garder à l'oreille.
Mis au pas, mis au pas.

[…]

Quand un homme veut une amie
Et ne veut plus de sa vieille,
Ça enrage la femme allemande,
Elle le menace de Dachau :
« Pendant vingt ans sans arrêt,
Tu as aimé mes attraits.
C'est fini, t'as aussi vieilli. »
Mis au pas, mis au pas.

Lors des conférences,
La France répète toujours :
L'Allemagne, aïe, est une menace !
Depuis longtemps, le monde ne la croit plus,
Not' chancelier l'a dit tout haut :
« Celui qui veut la paix
Désarme d'abord et tient parole. »
Mis au pas, mis au pas.

Bavarois, Prussiens tous unis,
Désormais inséparables.
Au lieu d'aller en montagne,

On passe un week-end à Berlin,
Fait de la luge au Lunapark,
Les Prussiens commencent à yodler.
Mince, ce qu'on se sert les coudes,
Mis au pas, mis au pas.

Si nous nous entraidons,
Tout doit quand même devenir mieux.
Paysan, ouvrier et garçon de ferme,
Nobles et bourgeois, les mêmes droits pour tous !
Pour le pays, après nous être battus
Et avoir souffert pour lui,
Nous resterons unis,
Mis au pas, mis au pas.[21]

Comme Volker Kühn le fait remarquer, ce qui est intéressant dans le couplet-refrain de Weiß Ferdl, c'est la date précoce de cet acte de soumission aux dirigeants nazis : le cabarettiste munichois l'écrivit déjà l'année de la prise du pouvoir,[22] alors qu'il y avait encore beaucoup d'adversaires de la mise au pas et que de nombreuses personnes de droite hochaient la tête à la vue des journaux nazis, tapageurs et violemment antisémites. Il n'empêche : on n'assista à aucun mouvement de protestation du peuple, des poètes et des penseurs contre la mise au pas de la presse et de la culture par les nationaux-socialistes ; au moment où les livres des grands écrivains juifs disparaissaient dans la deuxième rangée des bibliothèques, on se permettait tout juste, entre quatre murs, une petite

21. Cité d'après Kühn, p. 102 ; notre trad.
22. Cf. Kühn, p. 336.

blague sarcastique sur le mauvais esprit journalistique qui avait fait son entrée :

> *Un professeur fait des exercices sur les degrés de comparaison avec ses élèves. « Karlchen, forme une phrase avec cher et précieux. » Karlchen : « La* Heidelberger Volksgemeinschaft *m'est chère et précieuse. » « Et toi, Fritz, forme le comparatif ! » Fritz : « Le* Völkische Beobachter *m'est plus cher et plus précieux. » « Et toi, Moritz, forme le superlatif ! » « Le* Stürmer *m'est le plus cher, quand il est à l'endroit le plus précieux. »*

Le caractère inoffensif de cette histoire est aussi dû à une autre raison : elle met en scène des enfants. Le modèle est typique de l'époque nazie : un enfant dit les choses naïvement et spontanément et, grâce à cette astuce, l'insulte contenue dans la blague – le fait que le journal à scandale *Der Stürmer* soit tout juste bon à servir de papier toilette – s'en trouve désamorcée. L'auteur de la blague s'est ainsi constitué une position de repli aisée. Il est aussi typique que seul le *Stürmer*, un journal ouvertement pornographique, se voie attribuer une image négative, contrairement à l'organe du parti, *Der Völkische Beobachter*, devenu un journal populaire. Les persiflages du cabarettiste berlinois Werner Finck étaient bien plus choquants que cette blague : Finck aimait se plaindre publiquement de ce que les feuilles devenaient brunes dès le printemps.

Parallèlement à la mise au pas, la société allemande fut systématiquement militarisée. Les nazis créèrent à cette fin d'innombrables organisations parfois concurrentes, au sein desquelles chaque profession, chaque catégorie d'âge était représentée et possédait fréquemment son propre uniforme. Le résultat fut un méli-mélo kafkaïen d'uniformes, qui domina partout le paysage urbain dès après la prise du pouvoir. Une blague populaire racontait que la *Reichswehr* ne circulerait dorénavant plus qu'en civil, afin de distinguer les soldats de la population. Des abréviations étranges étaient aussi utilisées pour nommer les organisations nationales-socialistes, en commençant par SA (*Sturmabteilung :* Section d'assaut) et SS (*Schutzstaffel :* Escadron de protection) et jusqu'à BDM, Flieger-HJ (Unités volantes de la HJ), Motor-HJ (Unités motorisées de la HJ), NSKK (*Nationalsozialistisches Kraftfahrkorps :* Corps de transport national-socialiste), etc. La passion des nazis pour les abréviations était épinglée de façon amusante et sans aucune critique blessante dans différentes blagues :

> *L'organisation continue de se développer. Avant la SA et les SS, on incorpore les jeunes à la HJ* (Hitlerjugend) ; *ceux qui sont encore plus jeunes au* Jungvolk (Jeunesse Allemande) ; *ceux qui sont encore plus jeunes sont formés dans des jardins d'enfants nazis et maintenant, les nourrissons seront aussi membres d'une organisation. Ils s'appellent les « AA ».*

L'histoire drôle qui suit se présente de façon tout aussi innocente car, comme l'exemple précédent, elle ne critique pas la structure paramilitaire des organisations nazies : elle émet au contraire un reproche pas bien méchant, selon lequel la vie de famille souffre de ces activités au service de la patrie nazie :

> *« Mon père est un SA, mon frère aîné est un SS, mon petit frère est dans la HJ, ma mère dans la Ligue*

des femmes nationales-socialistes et moi dans la Ligue des jeunes filles allemandes, la BDM. » « Oui, et vous vous voyez de temps en temps, avec tous ces activités ? » – « Oh oui, nous nous rencontrons chaque année au congrès du parti à Nuremberg ! »

Il circulait aussi de nombreuses blagues sur l'abréviation BDM (*Bund Deutscher Mädel :* Ligue des jeunes filles allemandes). C'étaient la plupart du temps des obscénités bon marché, auxquelles il était difficile de trouver un quelconque contenu politique, même en faisant preuve de beaucoup d'imagination : tantôt, on prétendait que BDM voulait dire *Bald Deutsche Mutter* (« Bientôt Mère Allemande »), tantôt, sur un ton grivois, que l'abréviation signifiait *Bedarfsartikel Deutscher Männer* (« Articles de consommation courante pour hommes allemands »). Quant à ceux qui prétendaient que BDM signifiait *Bubi, drück mich* (« Bubi, serre-moi »), ils prenaient leurs rêves pour la réalité. À l'image de beaucoup de blagues du début de l'époque nazie, ces plaisanteries n'avaient pas non plus de pouvoir subversif et ne peuvent guère être considérées comme des indices d'une attitude fondamentalement sceptique de la population allemande vis-à-vis du régime.

Les premières caricatures politiques des nazis

On aimait rire des excentricités du national-socialisme, mais cela n'empêcha pas le nouveau système de s'ancrer bientôt fermement dans la société, malgré toutes les critiques. Les dirigeants politiques manifestèrent leur reconnaissance au peuple en affichant régulièrement un libéralisme de façade au début. « Mais nous ne sommes pas comme ça », telle était la devise qu'ils propageaient. Les nazis craignaient apparemment d'être perçus par la population comme de simples brutes bornées et sans humour. Cette modification apportée à leur image de marque prit vite des dimensions curieuses.

C'est ainsi que parut en Allemagne, et toujours en 1933, dans le cadre de l'offensive de charme, une anthologie de caricatures étrangères présentant Hitler comme un menteur et un va-t-en-guerre[23]. Le volume, dont la présentation était superbe, fut paradoxalement édité par le chef du département de la presse étrangère du NSDAP, « Putzi » Hanfstaengl, un compagnon de route et admirateur du Führer. Dans l'avant-propos, Hanfstaengl écrivit en introduction à cet ouvrage étrange :

> *Les images moqueuses et déformantes dont Adolf Hitler fut gratifié par une presse dégénérée tout au long de son parcours historique font penser aujourd'hui à une musique de jazz criarde. Les moqueurs et les calomniateurs sont aujourd'hui couverts de honte et démasqués par leur propre gâchis. […] La valeur de cette anthologie de caricatures du Führer réside précisément dans le fait que celles-ci sont plus que toutes les autres voix adverses des témoignages en faveur du Führer. Chaque dessin prouve en effet comme le monde a mal vu et mal jugé Adolf Hitler. Celui qui lit ce livre avec attention rira de tout cœur à chaque image, non pas tellement de l'humour en vigueur, mais bien plutôt de l'erreur flagrante commise par les caricaturistes.*[24]

---

23. Voir p. 135.
24. Hanfstaengl, p. 14 et suiv. ; notre trad.

L'éditeur n'avait toutefois pas totalement confiance en ses lecteurs. Afin que chacun rie vraiment au bon endroit et surtout pour les bonnes raisons, Hanfstaengl compléta chaque caricature par un droit de réponse bien inscrit dans la ligne du parti : c'est ainsi qu'un dessin paru dans la revue new-yorkaise *The Nation* représente Hitler en Faucheur aux pieds duquel défile une armée d'hommes-squelettes. Les faux qu'il tient en main forment une croix gammée et du sang coule des lames. Sur la page opposée, Hanfstaengl livre son interprétation de la caricature :

> *Tinte* (l'encre) *: Le dessin veut dire qu'Hitler incite à la guerre.*
> *Tatsache* (les faits) *: Le 15 juillet 1933, Hitler fait signer par l'ambassadeur allemand à Rome le pacte des quatre puissances, grâce auquel la paix en Europe est garantie pour dix ans par l'Angleterre, la France, l'Italie et l'Allemagne.*[25]

Quelques caricatures allemandes figurent aussi dans l'anthologie, dont une tirée de la revue satirique *Ulk*, que nous avons déjà citée. On y voit de nouveau Hitler, mais en tenue d'Indien sauvage, avec une tête embrochée sur une lance. La légende dit : « Le grand chef de la tribu des chasseurs de têtes sauvages après la bataille de Leipzig – en grand costume de guerre. » Une fois encore, Hanfstaengl ne put s'empêcher d'ajouter un commentaire :

> *Tinte : Le 25 septembre 1930, Hitler avait déclaré en tant que témoin devant le Tribunal du Reich*

25. Hanfstaengl, p. 110 ; notre trad.

(Reichsgericht) *à Leipzig qu'après la prise du pouvoir par le national-socialisme, « des têtes rouleraient » en Allemagne. Cette déposition a incité* Ulk, (farce), *à publier cette caricature vraiment farceuse.*

Tatsache : Après la prise du pouvoir, Hitler a fait « rouler » toute une série d'anciennes « têtes » en direction des camps de concentration. Cela s'est produit parce qu'il avait décidé d'être un vainqueur magnanime et souhaitait épargner à la grande masse saine des Allemands désireux de reconstruire leur pays les horreurs d'un règlement de comptes sanglant avec ses adversaires.[26]

Il est difficile d'imaginer « droit de réponse » plus cynique. La presse brune applaudit gentiment ce torchon du chef du département de la presse étrangère. Luis Trenker, champion de l'alpinisme, écrivit sur la quatrième de couverture que ce livre nous rappelait « quel combat héroïque notre Führer menait »[27]. Cet acte d'allégeance à Hitler ne profita finalement pas à Hanfstaengl : en 1937, il dut fuir en Amérique à la suite d'un conflit avec Josef Goebbels. L'homme qui avait incité à la haine des Juifs et des adversaires politiques était devenu lui-même un proscrit en Allemagne. Toutefois, sa carrière n'en souffrit pas : Hanfstaengl fut engagé par Franklin D. Roosevelt comme conseiller politique et psychologique dans la guerre contre l'Allemagne. Après l'effondrement du Reich, il retourna en Allemagne et y écrivit ses mémoires.

26. Hanfstaengl, p. 32 ; notre trad.
27. Notre trad.

Hanfstaengl mourut dans son pays en 1975, sans jamais avoir été rattrapé par son passé.

Un destin beaucoup plus tragique attendait en revanche un homme qui s'était dressé très tôt contre les nazis. Le dessinateur satirique Erich Ohser, né en 1903, s'était attiré leur antipathie dès le début des années trente avec ses caricatures anti-Hitler. Un dessin à la plume montrait par exemple un promeneur portant un chapeau et dessinant une croix gammée en urinant[28]. Sur une autre caricature, Hitler est représenté comme un va-t-en-guerre : le visage, avec la moustache timbre-poste et la mèche de travers, est déformé, comme s'il faisait une vilaine grimace. L'attitude courageuse d'Ohser ne devait pas rester sans conséquences. Après la prise du pouvoir, l'adhésion à la Chambre de la culture du Reich fut refusée sur-le-champ à ce satiriste à la plume aiguë ; le 17 janvier 1934, il reçut dans sa boîte aux lettres l'avis suivant, qui équivalait à un interdit professionnel : « Étant donné votre ancienne activité journalistique ouvertement marxiste, la commission de la fédération berlinoise de la presse allemande a décidé de rejeter votre demande d'admission comme membre de la commission des dessinateurs de presse au sein de la Fédération du Reich de la presse allemande, et de refuser votre inscription sur la liste des professionnels du métier. » Pris de panique, il brûla dans un jardin ouvrier les originaux de ses caricatures du *Vorwärts* – une initiative inutile, quand on sait que les dessins antinazis connurent des tirages monstres. Ohser manquait totalement de sens

28. Voir p. 137.

des réalités[29] en espérant que Goebbels et ses acolytes oublieraient ses œuvres antifascistes. Une fois passée cette première phase de frayeur et tout en grinçant des dents, il fit mine de s'adapter à l'air du temps. Il publia sous le pseudonyme d'E. O. Plauen des bandes dessinées apolitiques. Les histoires en images sans paroles de *Vater und Sohn* (« Père et fils »), dessinées avec beaucoup de tendresse, devinrent vite une publication culte et ce succès ouvrit à Ohser les portes de *Das Reich*, un hebdomadaire qui passait pour être relativement libéral. Il put bientôt recommencer à y dessiner des caricatures politiques, mais celles-ci devaient être conformes à la couleur politique brune de l'époque : c'est ainsi qu'Ohser dessina des caricatures antisoviétiques et antibritanniques. En privé, toutefois, il ne cachait pas ses véritables convictions politiques. Cela lui fut fatal pendant l'avant-dernière année de la guerre. Un voisin dénonça à la Gestapo une conversation entre Ohser et son ami Erich Knauf. Ohser échappa au procès devant la Cour populaire de justice en se suicidant ; Knauf fut exécuté en mai 1944.

Le cabaret politique pendant les années de pseudo-libéralisme – Le cas de Werner Finck

À l'opposé de ce qui se passa dans le cas d'Ohser, les autorités furent étonnamment lentes à réagir dans celui de Werner Finck. Ses blagues politiques risquées firent de ce comique courageux une adresse pour initiés très prisée au début de l'ère hitlérienne. Soir après soir,

29. Cf. E. O. Plauen, p. 43.

il se produisait dans son cabaret *Katakombe*, un établissement obscur au numéro 3 de la Bellevuestraße à Berlin.

Pendant l'après-guerre, beaucoup de légendes circulèrent au sujet de ce petit théâtre. Contrairement à ce qu'on affirma, le *Katakombe* n'était pas un cabaret politique, mais une petite salle de variétés proposant différents numéros : il y avait une chanteuse, puis un show de pantomime, le « mangeur de fruits », comme on l'appelait. Finck, un artiste parmi d'autres, clôturait le spectacle avec sa revue politique. Il était en quelque sorte la section politique du *Katakombe*, qui était surtout connu pour son programme de divertissement. Le cabaret était même trop apolitique aux yeux de certains de ses collaborateurs – ils le quittèrent au début des années trente, pour fonder leur propre cabaret, politiquement engagé.

Mais tandis que les plus intransigeants prirent le chemin de l'exil après la prise du pouvoir, Werner Finck apprit, lui, l'art des demi-teintes. Ses numéros de cabaret étaient précisément connus pour ce qu'ils *ne disaient pas,* pour ce qui était caché entre les lignes. Chaque numéro de cet humoriste intrépide ressemblait à un acte d'équilibriste sur le fil du rasoir. Finck le savait bien : si sa critique devenait trop concrète, on le ferait tout de suite disparaître et il serait déporté comme adversaire politique dans un camp de concentration. Il imagina donc des astuces subtiles, afin d'enrober le message politique dans un emballage d'aspect innocent. Pour les spectateurs, qui savaient exactement ce dont il s'agissait, ces acrobaties verbales risquées représentaient un attrait supplémentaire – le coup d'adrénaline qu'on reçoit quand on regarde un acrobate travaillant sans filet. On riait, parce qu'on savait lire entre les lignes.

Après la guerre, Finck a résumé cela admirablement par une image : à l'époque nazie, il suffisait d'un petit battant et d'une cloche minuscule pour provoquer un bruit assourdissant, tandis qu'aujourd'hui, il ne sort qu'un petit son, quand on frappe une cloche géante avec un battant géant. Durant cette période, les gens avaient une sensibilité très vive : ils sentaient exactement quand des frontières invisibles étaient franchies. Finck, le grand-maître de cet exercice périlleux, était aussi un fieffé filou : c'est pour cette raison qu'en 1933, dans la meilleure tradition nazie et en levant les yeux innocemment, il créa une *Kampfbund für harmlosen Humor* (KfhH – ligue de combat pour un humour inoffensif). La *Kampfbund* publia dans le programme du *Katakombe* les couplets-refrains suivants de Finck :

Il souffle un petit vent frisquet, deux trois !

Il souffle un petit vent frisquet, deux trois,
On va de nouveau rire.
Que l'humour règne dans la rue,
Que lui aussi s'éveille alors.

Le lion règne en notre temps,
Et Mars est lui le roi de l'heure ;
La gaieté tant aimée pourtant
Sera livrée aux chiens.

Pas même le diable toutefois
Ni toute autre puissance
Ne nous ôtera l'humour
Et le bel équilibre.

Que le son bas du diaphragme
Résonne donc sur nos tympans.

Qui n'en veut pas n'a qu'à lécher
Not' Götz von Berlichingen.[30]

L'appel en faveur d'une rue ouverte à l'humour ainsi que la paraphrase du *Volkes Erwachen* (« réveil du peuple »), devenu le réveil de l'humour, eurent finalement raison de la patience du pouvoir. La manière dont Finck bricolait toutes sortes de rimes en se servant du jargon nazi toucha apparemment les nationaux-socialistes à un point sensible. Le livret-programme où était publié le petit lied fut interdit, mais Finck put poursuivre allègrement. L'atmosphère pseudo-tolérante des premières années autorisa partiellement les critiques : on adressa même de petits compliments à Finck dans le camp national-socialiste. Dans le *Völkische Beobachter* parut une critique chaleureuse du programme de printemps du *Katakombe*, écrite par un collaborateur du ministre de la Propagande. Finck y était complimenté pour son « esprit tantôt blagueur, tantôt doté d'un sens de la boutade étonnamment précis ». Le rédacteur en chef de *Der Angriff*, un journal réputé pour son caractère haineux, écrivit même ce mot d'encouragement dans le livre d'or du *Katakombe :* « Dangereux ou pas dangereux – continuez comme ça ! »[31]

Dans les années soixante, Werner Finck rapporta à un ses admirateurs, Dieter Hildebrandt, une anecdote soulignant de façon éclatante l'absurdité de sa situation pendant la phase de pseudo-libéralisme de l'époque nazie : un soir, un homme en civil l'avait approché poliment.

30. Notre trad.
31. Cf. Kühn, p. 79.

Après avoir un peu bavardé, il lui avait confié à lui, Finck, qu'il était *Standartenführer* (chef d'étendard) de la SA et aimerait l'inviter dans son bureau. Il pourrait y raconter des blagues beaucoup plus virulentes et on s'amuserait merveilleusement ! Cette offre fut faite tout à fait sérieusement, mais Finck la déclina quand même.

C'en serait bientôt fini des gentillesses étranges et des commentaires bienveillants. La prise du pouvoir et les démonstrations de bonne humeur des premiers mois n'étaient en effet que des éléments du plan d'ensemble criminel élaboré par les nazis. Pour des raisons de politique étrangère, il importait encore au régime de sauvegarder les apparences. Il allait pourtant bientôt serrer nettement la vis. Notre plaisantin allait dorénavant risquer d'être précipité des catacombes en enfer.

« Que valent les nouvelles blagues ? – Trois mois à Dachau ! » – L'humour politique et l'instauration du système de terreur nazi

Une des mesures les plus lourdes de conséquences prises par les nazis dans les mois qui suivirent l'incendie du Reichstag fut la création des premiers camps de concentration en Allemagne. Le camp de concentration modèle de Dachau, près de Munich, sous la direction du sinistre commandant Theodor Eicke, devint vite tristement célèbre, et pas seulement en Bavière. Dans un premier temps, ce furent surtout des communistes, des syndicalistes et des sociaux-démocrates qui y furent internés et maltraités à loisir ; plus tard, quand la politique de terreur des nazis toucha de plus en plus de couches de la population, des Tziganes, des Juifs, des témoins de Jéhovah, des homosexuels et des condamnés de droit commun vinrent s'y ajouter. Dachau n'est jamais devenu un camp d'extermination comme Auschwitz, mais cela n'a pas empêché qu'au cours des ans des milliers de gens y soient fusillés et persécutés à mort. Dans les premières années, on donna à ce lieu horrible l'apparence d'un « camp de rééducation » : il arrivait par exemple qu'on en soit relâché. Ce n'était toutefois un secret pour personne que Dachau était un espace de non-droit où l'on torturait et assassinait.

Des témoins de l'époque racontent que pour plaisanter, on menaçait les enfants désobéissants de les envoyer à Dachau, s'ils faisaient des bêtises. Le camp de concentration fut donc rapidement connu, non seulement en Haute-Bavière, mais aussi dans toute l'Allemagne, comme un lieu où régnaient la cruauté et l'arbitraire. L'existence de cette zone de terreur aurait dû déclencher une vague de protestations. Mais celle-ci n'eut pas lieu. Fritz Muliar, un témoin de cette époque, se rappelle qu'en 1937 des photos de Dachau circulèrent dans la presse autrichienne, sur lesquelles on voyait des détenus de Dachau avec des blessures à la tête. Les gens se doutaient de la dimension de l'horreur, mais ne voulaient pas y croire car ils auraient alors dû se révolter. La réaction fut le silence : on se tut et on détourna le regard. Le fait que Dachau soit devenu le symbole du système concentrationnaire en fit une valeur sûre de l'humour de l'époque : « Mon Dieu, rends-moi muet, afin que je n'aille pas à Dachau ! », disait une prière courte très répandue. Les blagues sur Dachau étaient cependant plutôt destinées à s'accommoder de la terreur qu'à exprimer une véritable critique. On attribuait par exemple au cabarettiste Weiß Ferdl, qui était tout sauf un opposant au nazisme, la plaisanterie suivante :

> *« J'ai fait une petite excursion. À Dachau. Quel endroit ! Des barbelés, des mitrailleuses, des barbelés, encore des mitrailleuses et de nouveau des barbelés ! Mais moi, je vous dis, si j'ai envie, j'y entre ! »*

On imagine difficilement comment Weiß Ferdl pouvait s'ériger en adversaire du régime dans ses blagues, alors que, dès la « période de combat » et donc avant la prise du pouvoir, il avait coutume de monter un numéro de spectacle précédant chaque discours d'Hitler. Car Weiß Ferdl aimait entretenir une certaine ambiguïté ; il n'existait en revanche guère de doute quant à ses convictions, et sa réputation d'opposant à Hitler vient de ce que ses spectateurs et ses auditeurs interprétèrent mal les paroles équivoques de ses chansons politiques.

Le camp de concentration de Dachau existait depuis mars 1933 et chacun savait que ce n'était pas un sanatorium. Si on se remémore les expressions et les blagues sur le camp de concentration de Dachau, l'affirmation de la génération de la guerre selon laquelle « on ne savait rien », cette stratégie de défense lors des décennies qui suivirent la guerre, est purement et simplement insoutenable. La blague suivante montre clairement que les camps de concentration étaient des lieux d'arbitraire, où on pouvait être envoyé à tout moment sur la base de déclarations hostiles au régime :

> *Deux hommes se rencontrent dans la rue. Le premier dit au second : « Content de te revoir en liberté !*

Comment c'était au camp de concentration ?» Là-dessus le second : « Génial ! Le matin, on avait le petit déjeuner au lit, du café pur ou du cacao, au choix. Ensuite un peu de sport. À midi de la soupe, de la viande et un dessert. Et avant le café et le gâteau, on jouait à des jeux de société. Et puis encore une petite sieste. Après le dîner, on regardait des films. » L'homme n'en revient pas : « Fantastique ! Tout ce qu'on dit comme mensonges ! Récemment, j'ai parlé à Meyer, qui y est aussi allé. Si tu savais ce qu'il m'a raconté ! » L'autre hoche la tête d'un air sérieux tout en disant : « Pas étonnant : on l'a déjà renvoyé là-bas. »

Au début de l'époque nazie déjà, la crainte d'être arrêté et déporté à Dachau si on disait quelque chose de mal s'était insinuée dans les esprits. Et elle fit bientôt l'objet de plaisanteries :

Question : « Que valent les nouvelles blagues ? »
Réponse : « Trois mois à Dachau ! »

La création de camps de concentration et l'instauration de mesures de contrainte comme la *Schutzhaft*, tout cela n'a donc pas manqué son effet sur la population allemande. Depuis l'incendie du Reichstag, un état d'exception permanent dans le domaine du droit régnait en Allemagne. Les ennemis présumés de l'État, dont on ne pouvait pas venir à bout – disait-on – avec les moyens légaux de la Constitution de Weimar, devaient servir de prétexte pour que se déchaîne l'arbitraire des autorités : celui qu'on soupçonnait d'activités subversives avait de mauvaises cartes en main et il n'existait pas de recours contre les jugements des tribunaux spéciaux, qui entraient immédiatement en vigueur. Même lorsqu'aucune accusation n'était portée, personne n'était en sûreté car la Gestapo, qui agissait indépendamment de la justice, pouvait faire disparaître des suspects de la circulation arbitrairement et pour une durée indéterminée. Ceux qui avaient été remis en liberté après la *Schutzhaft* devaient vivre avec les stigmates du criminel. On les évitait, comme si quelque chose de contagieux et malin restait attaché à leur nom. Les autorités pouvaient décider selon leur bon vouloir de ce qui était autorisé et de ce qui ne l'était pas. Les lois promulguées par les nazis ne constituaient qu'une façade pseudo-légale. Depuis le 21 mars 1933 déjà, les déclarations critiques vis-à-vis du régime tombaient sous le coup de l'« Ordonnance du Président du Reich pour la prévention des attaques perfides contre le gouvernement du redressement national » stipulant que la divulgation d'affirmations « contraires à la vérité » pouvait être punie d'une peine de prison ou de travaux forcés. Dès la première année, 3 744 infractions à la nouvelle ordonnance furent sanctionnées. Le pouvoir trouva néanmoins que cette loi n'était pas encore assez sévère. Après moins d'un an, elle fut remplacée par la « loi contre les attaques perfides à l'encontre de l'État et du parti et pour la protection des uniformes du parti ». Désormais, le simple fait de critiquer le régime en privé était un fait constitutif punissable de prison. Le texte de la loi, paru dans le *Reichsgesetzblatt*, est le suivant :

§ 1

(1) Quiconque émet ou divulgue intentionnellement une affirmation de fait contraire à la vérité ou grossièrement déformée, susceptible de nuire gravement au bien du Reich ou à la réputation du gouvernement

du Reich ou celle du Parti national-socialiste ouvrier allemand ou de ses subdivisions, est passible, pour autant qu'une peine plus grave ne soit pas prévue par d'autres textes légaux, d'une peine d'emprisonnement allant jusqu'à deux ans et, s'il émet ou divulgue cette affirmation publiquement, d'une peine d'emprisonnement ne pouvant être inférieure à trois mois.

(2) Quiconque commet les faits par négligence grossière est passible d'une peine d'emprisonnement allant jusqu'à trois mois ou d'une peine d'amende.

(3) Si les faits sont dirigés uniquement contre la réputation du NSDAP ou de ses subdivisions, ils ne sont poursuivis qu'avec l'accord du représentant du Führer ou de l'instance désignée par lui.

§ 2

(1) Quiconque émet publiquement au sujet de personnalités dirigeantes de l'État ou du NSDAP ainsi que des dispositions qu'elles ont prises ou des institutions qu'elles ont créées des allégations haineuses, incendiaires ou témoignant de basses convictions, susceptibles de bafouer la confiance du peuple dans l'autorité politique, est passible d'une peine d'emprisonnement.

(2) Les allégations malveillantes émises en privé sont à mettre sur le même pied que celles émises publiquement, quand l'auteur s'attend ou doit s'attendre à ce que ses allégations deviennent publiques.

(3) Les faits ne sont poursuivis que sur ordre du ministre de la Justice du Reich ; si les faits sont dirigés

contre une personnalité dirigeante du NSDAP, le ministre de la Justice du Reich donne cet ordre en accord avec le représentant du Führer.

(4) Le ministre de la Justice du Reich définit en accord avec le représentant du Führer le cercle des personnalités dirigeantes au sens du paragraphe 1[32].

Cette « protection de l'espèce » décrétée en faveur du NSDAP et ses représentants devait mettre ces derniers à l'abri de toute critique ; elle était en même temps un appel du pied fait aux dénonciateurs. La population ne se laissa cependant guère intimider par le ton nouveau et rudoyant. En fin de compte, on ne peut pas dire exactement quelles répercussions eut le changement de climat politique sur l'humour politique. Après tout, le système de contrainte ne fonctionna jamais aussi parfaitement que les nazis l'auraient aimé : on ne pouvait pas contrôler chaque citoyen ni ce qui se passait dans chaque maison et à chaque coin de rue. Les Allemands devaient en être conscients dans leur vie quotidienne.

Les éditeurs d'anthologies de blagues de l'après-guerre n'étaient pas pour autant moins convaincus que les plaisantins vivaient dangereusement. Un de ces éditeurs, Kurt Sellin, écrivit dans l'introduction à son livre *Die Hitlerei im Volksmund* (« L'Hitlérie dans le langage populaire »), un ouvrage paru en 1946 sous le « visa de censure n° 17 délivré par la division de contrôle de l'information du gouvernement militaire » :

---

32. Notre trad.

> *On a souvent qualifié l'humour de mortel et parlé d'ironie mortelle. Le IIIe Reich n'est pas mort des blagues qui ont été faites sur lui. Le IIIe Reich n'a sans doute pas été le seul à prouver que la plaisanterie pouvait aussi être mortelle pour celui qui la racontait. Mais il en a fourni beaucoup d'exemples*[33].

Kurt Sellin a expliqué en détail quels « dangers personnels » pouvait comporter le fait de raconter une blague ; il a en outre affirmé que les gens, par crainte de peines très lourdes, ne racontaient des blagues politiques qu'en secret, en chuchotant et en jetant un « regard allemand », le seul susceptible de vérifier si quelqu'un ne les épiait pas. Ce point de vue n'est toutefois pas corroboré par les récits des témoins de l'époque, interrogés pour les besoins de notre livre : la majorité de ceux-ci ont répondu qu'on racontait des blagues politiques en toute liberté, publiquement et sans crainte d'être condamné. Ces résultats correspondent effectivement à ceux des recherches récentes, parmi lesquelles l'ouvrage de Meike Wöhlert, qui a analysé et comparé les jugements des tribunaux spéciaux chargés des cas de « perfidité » dans cinq villes allemandes. Nous tenons à préciser que sa thèse étudie uniquement des cas consignés dans des dossiers et non les chiffres officieux, innombrables.

En fin de compte, l'humour politique était un phénomène de masse difficile à contrôler. Dans 61 % des cas ayant fait l'objet d'une instruction judiciaire, le raconteur de blagues s'en sortait avec un avertissement. C'était surtout l'alcool qui était invoqué en guise de circonstance

33. Sellin, p. 19 ; notre trad.

atténuante. Celui qui dépassait les bornes parce qu'il était en état d'ivresse était considéré comme n'étant plus pleinement responsable de ses actes. Dans la mesure où les blagues faisant l'objet d'un dossier avaient généralement été racontées au café, le nombre de jugements cléments était fonction du leur. Des peines d'amende furent prononcées dans quelques cas rares, et une peine d'emprisonnement dans 22 % des jugements seulement. Il est intéressant de constater que les jugements les plus sévères pour cause de perfidie furent prononcés en temps de paix ; mais dans la plupart des cas, la durée d'incarcération ne dépassait pas cinq mois[34].

L'opinion selon laquelle des condamnations à mort auraient été prononcées en série contre les raconteurs de blagues pendant la guerre n'est guère tenable au vu des documents contemporains de l'époque. De tels cas se produisirent wwwgogcertes dans la phase finale du IIIe Reich, mais il s'agissait d'exceptions extrêmes, sur lesquelles nous reviendrons en détail plus tard. *Le rire mortel*, *Quand le rire devint dangereux* : c'est ainsi qu'étaient intitulées les anthologies de blagues chuchotées (ou certains de leurs chapitres) parues dans l'après-guerre. La thèse selon laquelle les raconteurs de blagues risquaient constamment leur vie ne s'est toutefois jamais vérifiée.

Il est incontestable qu'au plus tard depuis le vote de la loi des pleins pouvoirs, la situation s'était fortement dégradée pour les opposants au régime. Même Werner Finck, l'intrépide arpenteur de frontières du *Katakombe*,

---

34. Cf. Wöhlert, p. 95 et suiv.

entra dans une zone de turbulences. Soir après soir, des « contrôleurs culturels » du parti assistaient à ses représentations et notaient minutieusement chaque mot. Leurs chapeaux mous s'apercevaient tellement facilement à force de vouloir passer inaperçus que Finck imagina une blague insolente à propos de leur présence. En plein show politique, il s'adressa directement à eux en disant avec un clin d'œil : « Voulez-vous que je parle plus lentement ? Vous me suivez ? Ou bien dois-je moi vous suivre ? » Mais les nazis qui se trouvaient parmi le public n'appréciaient pas spécialement les blagues de ce genre. Dans leur rapport, portant le numéro kafkaïen n° 41551/35 II 2 C 8057/35, les espions nazis évaluèrent la situation comme suit :

> *Le public du* Katakombe *se compose dans sa toute grande majorité de Juifs, qui applaudissent frénétiquement aux insultes et aux critiques virulentes et subversives du présentateur Werner Fink (sic !). Fink (sic !) est le type même de l'ancien bolcheviste culturel qui n'a apparemment rien compris aux temps nouveaux ou ne veut en tout cas rien y comprendre et tente comme les anciens écrivains juifs de traîner dans la boue les idées du national-socialisme et tout ce qui est sacré aux yeux d'un national-socialiste.*[35]

Deux ans après la prise du pouvoir, les autorités perdirent définitivement patience. C'en fut soudain fini du libéralisme de façade dont elles avaient jusqu'alors fait preuve envers Finck. Jusqu'en 1935, on l'avait autorisé à jouer dans différentes comédies de l'UFA, mais c'étaient

35. Finck (2), p. 75 ; notre trad.

de petites apparitions comme le rôle du paparazzo visqueux dans le navet sentimental *Frischer Wind aus Kanada* (« Un vent frais du Canada »). Le film suivant, *April ! April !* (« Avril ! Avril ! »), marqua la fin : Finck fut arrêté sur les lieux du tournage et conduit au quartier général tant redouté de la Gestapo dans la Prinz-Albert-Straße. Il raconta plus tard qu'il avait d'abord cru que le cauchemar prendrait fin après une demi-heure. Comme l'interrogatoire traînait en longueur et que l'heure de son numéro au *Katakombe* approchait, pour être finalement dépassée, il sentit petit à petit que les autorités ne plaisantaient pas. Il ne se doutait bien sûr pas encore que son lieu de travail avait été fermé le soir même – pour toujours. Après quelques tergiversations – les fonctionnaires étaient en secret fans de Finck – on l'informa qu'il serait « retenu ». Dans ses mémoires, Finck a décrit cette scène non dépourvue d'un certain côté tragi-comique :

> *Finalement, les responsables de garde durent cracher le morceau : ils étaient désolés de me dire – avec un air vraiment ennuyé et très poliment – qu'ils devaient m'arrêter. Ils m'accompagnèrent ensuite à la prison située en face. Au moment où j'entrais, un SS immense accourut en me demandant : « Vous avez des armes ? » « Pourquoi donc ? lui demandai-je. On doit en avoir ici ? »*[36]

La presse nationale-socialiste exploita la nouvelle de son arrestation de façon honteuse : le journal SS *Das Schwarze Korps* qualifia le *Katakombe* de « dépotoir

36. Finck, p. 69 ; notre trad.

intellectuel ». On put constater en passant que d'autres cabarettistes avaient connu le même sort. Un cabaret semblable au *Katakombe*, le *Larifari* de Günther Lüders, fut aussi réduit au silence, de même que le populaire *Tingel-Tangel*, qui dut fermer pour toujours. L'arrestation de Finck faisait partie d'une opération concertée et à grande échelle, préparée jusque dans les moindres détails, contre les cabarettistes mal vus du pouvoir ; c'est ainsi qu'un proche collaborateur de Goebbels, le major Rettelsky, avait déjà recommandé préalablement à son chef de « fermer [ces] foyers de propagande juive et marxiste en pleine représentation et de placer tous les participants, y compris le public, en détention de protection. »[37]

Tous les humoristes arrêtés ne finirent pas en prison. Ekkehard Arendt présenta son carnet de membre du parti national-socialiste, Rudolf Platte se repentit et jura de faire amende honorable ; tous deux furent libérés. Werner Finck, Walter Groß, Walter Trautschold, Günter Lüders et Heinrich Giesen ne s'en sortirent pas à si bon compte : ils furent tous déportés au camp de concentration d'Esterwegen à la frontière néerlandaise. Le cabaret *Tatzelwurm* (Ver à pattes) élut domicile dans les locaux du *Katakombe* en septembre. À partir de ce jour, les nouveaux directeurs, Tatjana Sais et Bruno Fritz, y présentèrent un humour inoffensif, mis au pas, qui ne justifiait plus l'intervention de l'État.

Pour Werner Finck et ses camarades commença alors une cruelle période de souffrance. Esterwegen n'avait évidemment rien de comparable avec les camps

37. Cf. Kühn, p. 80 ; notre trad.

d'extermination des années 1940, mais les détenus n'y étaient pas pour autant traités avec douceur. Il ne fallait pas non plus sous-estimer cette incertitude lancinante quant à savoir si on serait libéré un jour. Finck eut de la chance dans la mesure où, en tant que personnalité et cabarettiste très populaire, il fut moins exposé à la brutalité des gardiens. On l'autorisa même à organiser une soirée de cabaret dans le camp de concentration. Son sketch, *Keine Angst ! Wir sind ja drin* (« N'ayez pas peur ! Nous y sommes ! »), a été conservé textuellement ; il constitue un fleuron de l'humour noir de Finck :

> *Camarades, nous allons essayer de vous divertir un peu aujourd'hui. Notre humour nous y aidera : il est toujours là. Même si nous n'avons jamais connu l'humour et la potence si près l'un de l'autre. Les circonstances extérieures ne sont pas particulièrement favorables à notre projet. Il suffit d'observer les hauts barbelés avec leur électricité à haute tension. Comme vos espoirs.*
>
> *Et puis les miradors, qui enregistrent à chaque instant tous nos mouvements. Avec des mitrailleuses armées. Mais ces mitrailleuses ne nous impressionnent pas, camarades. Parce que nous avons des canons, nous – mais oui, des rires canons !*
>
> *Vous allez sûrement vous demander pourquoi nous sommes si alertes et joyeux. Eh bien, camarades, il y a une raison à cela : alertes et joyeux, il y a longtemps déjà que nous ne l'étions plus à Berlin. Au contraire même : chaque fois que nous montions sur scène, nous avions une sensation désagréable dans le dos. C'était*

la peur d'aller dans un camp de concentration. Et maintenant, regardez, nous ne devons plus avoir peur, puisque nous y sommes ![38]

Finck et ses collègues ne passèrent finalement « que » six semaines au camp. Ils ne le durent pas à la magnanimité de Goebbels, mais bien à un heureux concours de circonstances : la comédienne Käthe Dorsch plaida leur cause. Käthe Dorsch, qui avait jadis été fiancée à Hermann Göring, intervint auprès de son ancien amant et celui-ci lui prêta une oreille attentive : l'homme vaniteux qu'était Göring ne voulait pas rater l'occasion de jouer un tour à son éternel rival Goebbels. L'opération de sauvetage n'était néanmoins pas synonyme de laissez-passer pour Finck : les cabarettistes du *Katakombe* et du *Tingel-Tangel* durent se justifier devant un tribunal après leur mise en liberté.

Le procès pour infraction à la « loi contre la perfidie » devant la chambre spéciale du *Landgericht* (tribunal de grande instance) de Berlin allait entrer dans l'histoire du monde du cabaret. On commit l'imprudence d'autoriser la présence du public à l'audience. La lecture de l'acte d'accusation déjà, qui comportait presque exclusivement des blagues et des chansons politiques, provoqua l'hilarité générale du public. Le juge ordonna alors au prévenu Finck de rejouer devant tout le monde son sketch offensant, *Das Fragment vom Schneider* (« Le fragment du tailleur »). Ce numéro comprenait d'innombrables allusions cryptées, que Finck atténua cette fois, par prudence. En voici la version non censurée :

38. Cf. Kühn, p. 280 ; notre trad.

Un client (Werner Finck) entre chez le tailleur (Ivo Veit).

Le tailleur : Qu'y a-t-il pour votre service ?

Le client (en aparté) : Lui aussi, il parle de service ! (À haute voix) Je voudrais que vous me confectionniez un costume… (Silence éloquent, puis, d'un air songeur) : car j'ai l'impression qu'on est en train de nous confectionner quelque chose.

Le tailleur : Bien.

Le client : Vous trouvez ça bien ? Je n'en sais rien.

Le tailleur (commence à s'impatienter) : Que désirez-vous ? Je viens de renouveler mon stock : regardez tout le lot d'étoffes qui est concentré dans ma boutique.

Le client : Tout finira par être concentré quelque part.[39]

Le tailleur : vous voulez de l'uni ou des motifs ?

Le client : On a déjà suffisamment d'uniformes. Et j'ai suffisamment de motifs !

Le tailleur : Du rayé peut-être ?

Le client : Quand on a des motifs, on est automatiquement rayé de la liste. (Résigné :) On ne pourra pas éviter une rayure au pantalon.

Le tailleur : Commençons par le veston. Avec des revers et des chevrons ?

Le client : Ah, vous voulez dire une camisole de force ?

Le tailleur : Question de point de vue. Un ou deux rangs de boutons ?

---

39. Remarque de l'auteur : il s'agit d'une allusion aux camps de concentration.

Le client : Les deux premiers, ça m'est égal : c'est des troisièmes que je ne veux à aucun prix.[40]

Le tailleur : Et les revers ?

Le client : Assez larges pour qu'on mette quelque chose dessus. Peut-être que nous serons, nous, un jour dedans. Le Kronprinz a bien dit : Immer feste druff ! *Tapez dessus, foncez dedans !*

Le tailleur : Dans ce cas, est-ce que je peux prendre vos mesures ?

Le client : Oui, nous avons l'habitude qu'on prenne des mesures.

Le client se met au garde-à-vous ; le tailleur se place à côté de lui avec le mètre. Il prend les mesures, pendant que le client pose les mains, raides, sur la couture du pantalon.

Le tailleur (jetant un coup d'œil sur le mètre) : 14/18 ? Vous allez vous tenir droit ? Répondez !

Le client : De qui ?

Le tailleur : Et maintenant, levez le bras droit. En fermant le poing. 18/19. Et maintenant, tendez la main. ; 33. Mais pourquoi est-ce que vous ne baissez pas le bras droit ? Qu'est-ce que ça veut dire ?[41]

---

40. Ibid. : Finck aimait marmonner le mot *diesreihig* (cette rangée), de sorte qu'on entendait « *Nur nicht dieses Reich* » (« surtout pas de ce Reich »).

41. Ibid. : les mesures correspondent aux dates des troubles révolutionnaires de 1918/19 et à la prise de pouvoir en 1933. Le client fait d'abord le salut communiste, puis il tend la main comme pour le « salut allemand ».

Le client : C'est toujours comme ça, quand le droit est suspendu[42].

Devant le tribunal, Finck transforma la boutade finale très adroitement : au lieu de parler des droits fondamentaux, suspendus par les nazis, il dit « [main] droite levée », sur quoi le procureur le corrigea, indigné, en précisant que, dans le texte, il était question de « Droits suspendus ». Finck réagit avec beaucoup de présence d'esprit : « C'est *vous* qui venez de dire ça ! », rétorqua-t-il, provoquant un éclat de rire dans tout le prétoire. Le procès se termina, faute de preuves, par un acquittement. Finck en était quitte pour la peur, mais il se vit imposer une interdiction d'exercer pendant un an. Son lieu de travail avait en outre été affecté par l'entreprise d'épuration. Ce grand farceur courageux était à nouveau un homme libre, mais le séjour en camp de concentration marqua une césure profonde dans sa vie.

L'affaire Röhm

La fin du pseudo-libéralisme et le durcissement de l'attitude vis-à-vis des opposants politiques réels ou présumés ne furent ni le produit du hasard ni de l'actualité immédiate : ce changement s'annonçait depuis longtemps. La répression avait été précédée d'une vague de cannibalisme assassin au cours de laquelle les nazis s'étaient entre-dévorés.

Les victimes de cette vague de violence furent d'abord le chef d'état-major de la SA, Ernst Röhm, et sa clique dirigeante. Dans le courant de 1934, alors

42. Notre trad.

que l'élan initial de la révolution nationale-socialiste commençait déjà à s'essouffler, Röhm, qui était en réalité un ami intime d'Hitler, avait fait pression pour qu'ait lieu une « deuxième révolution », favorable aux couches socialement défavorisées et liée à un renforcement de l'influence de la SA. Ce vieux soudard stupide se trouvait dans une impasse car il était à la tête d'une milice révolutionnaire privée de révolution violente par la stratégie de conquête légale du pouvoir. En organisant sans cesse des défilés et en procédant à des achats d'armes stratégiquement importants, Röhm tenta donc de donner plus de poids à sa SA en Allemagne.

Ce projet provoqua un conflit d'intérêts au sein du NSDAP. En voulant placer l'armée sous l'autorité de la SA, Röhm s'attira les foudres de la direction de la Reichswehr, toujours composée de généraux prussiens. D'autre part, la population craignait la SA à cause de ses bavures incontrôlées et de sa propension à la violence brutale. Röhm et son armée privée, faite de brutes mal dégrossies, profondément frustrées de ce que leur besoin d'action ne pouvait être assouvi, comptaient en somme peu de partisans en Allemagne et, en adoptant cette attitude faite de revendications et de menaces inquiétantes, Röhm en personne ne contribua guère à améliorer l'image de marque de la SA.

Hitler lui avait adressé personnellement des avertissements verbaux, d'abord en comité restreint, ensuite en présence de ses Gauleiter réunis. Le contenu de ces discours parvint jusqu'au peuple, qui sut interpréter correctement les menaces ainsi proférées : il avait trouvé là un nouveau sujet de plaisanteries. Il est typique que les blagues sur le chef d'état-major de la SA aient à nouveau égratigné les faiblesses humaines (les déviations sexuelles, « dégénérées », selon l'interprétation nazie) et non les violences commises par les milices en chemises brunes :

> *Depuis les critiques ouvertes formulées par Hitler dans ses 12 points à l'égard des actes pervers commis dans les rangs de la SA, le peuple comprend enfin ce que le chef d'état-major de celle-ci, Röhm, expliquait si clairement dans son discours à la jeunesse : il y a un chef SA dans chaque* Hitlerjunge.

Aux yeux des nazis, être homosexuel représentait sans doute ce qu'il y avait de plus déshonorant. L'efféminement n'avait pas de place dans cet ordre social dominé par les hommes et hyper militarisé. Röhm, dont la vie sexuelle dissolue était sujette à de nombreux racontars, faisait l'objet d'innombrables blagues sur les homosexuels adaptées à sa personne.

> *Sentence murale chez Röhm : Laisse ton travail après quatre heures, afin de profiter de l'after* (anus)*-noon.*
>
> *« Röhm passera les vacances prochaines en Italie.*
>
> *– Haha.*
>
> *– Oui, il veut passer quelques jours au bord du Pô* (cul) *bien chaud. »*

Cette liste pourrait être prolongée à l'infini car il s'agit de blagues standard n'ayant en fait rien à voir avec Röhm. On les retrouve à toutes les époques et sous tous les régimes, avec des personnages différents. Elles ne deviennent politiques que dans la mesure où elles épinglent le trait de caractère qui fragilisait Röhm aux yeux de ses comparses nazis.

Paradoxalement, dans l'Allemagne de 1934, les adversaires de Röhm ne jouèrent pas la carte de la morale : les ennemis jurés du chef de la SA, avec à leur tête Himmler et son fougueux adjoint, Reinhard Heydrich, qui voulait à tout prix occuper le devant de la scène, fabriquèrent de toutes pièces une histoire de conjuration très confuse, selon laquelle un putsch dirigé par Röhm était imminent. Le 30 juin enfin, Hitler lança une action d'une violence extrême contre les « contre-révolutionnaires » supposés : accompagné de deux membres de la police criminelle munis de pistolets armés, il tira Röhm – le prétendu meneur du putsch – de son sommeil ; Edmund Heines, un dirigeant silésien de la SA, ne complotait pas non plus lors de son arrestation : il était au lit avec un de ses amants[43].

Suivirent alors des heures de folie meurtrière incontrôlée. Les tendances terroristes du nouvel État SS furent mises en évidence de façon éclatante aux yeux du monde entier. La joie de voir qu'un frein avait été enfin mis aux agissements de la SA fut assombrie par cette explosion de violence. Chaque citoyen de l'Allemagne hitlérienne se rendit compte, après l'élimination de la direction de la SA, que ce régime ne reculait devant rien. Une blague circula bientôt, disant que la constitution du Reich avait désormais un nouvel article : « Le Führer nomme et fusille les ministres. »

Hitler lui-même fit preuve d'une certaine nervosité après la liquidation de son vieil ami. Pendant les jours et les semaines qui suivirent l'affaire Röhm, ses

43. Cf. Fest, p. 636.

raisonnements devinrent incohérents : tantôt il qualifiait cette opération violente d'« acte de légitime défense de l'État » face à un putsch de la SA, tantôt il invoquait au contraire des raisons morales en guise de justification. Le 13 juillet, Hitler prononça devant le Reichstag un discours qui frappa surtout par ses contradictions. Dans un passage, il fit ouvertement allusion à l'homosexualité de Röhm :

> *Mais le pire de tout fut qu'à partir d'une prédisposition commune, une secte se forma petit à petit dans la SA, constituant le noyau d'une conspiration contre non seulement les valeurs d'un peuple sain, mais aussi contre la sûreté de l'État.* »[44]

La population saisit avec joie la perche qui lui avait été tendue imprudemment par Hitler et inventa différentes blagues extrêmement macabres sur la fin peu glorieuse de Röhm. C'est ainsi que la rumeur circula selon laquelle le chauffeur de Röhm aurait introduit une demande de retraite de veuve. On aimait en outre raconter que, depuis que Röhm était au ciel, les anges portaient leur feuille de vigne à l'arrière. Le fait que le chef d'État-major de la SA fût mort – c'est ce que nous montre ce genre d'humour – n'avait aucune espèce d'importance pour les raconteurs de blagues :

> *« Dommage qu'on ait fusillé Röhm !*
> *– Pourquoi ?*
> *– On dit qu'il était plein de bonnes résolutions : il voulait repartir de l'avant. »*

44. Cf. Wiener, p. 131 ; notre trad.

Un des rares jeux de mots dépourvus d'allusion à l'homosexualité de Röhm fait preuve d'une dureté tout compte fait atypique pour cette époque, en souhaitant la mort des autres dirigeants nazis :

Que Dieu protège Hitler. Que Dieu protège aussi Göring et Goebbels. Röhm, lui, il le protège déjà.

Il n'est plus possible aujourd'hui de savoir exactement si cette blague était très répandue ni si elle circula vraiment parmi la population immédiatement après l'affaire Röhm. Une chose est cependant certaine : après l'expédition meurtrière du 30 juin 1934, dont furent victimes, en plus des chefs de la SA, plusieurs hommes politiques conservateurs, il fut encore plus difficile de nier ce que tout le monde savait depuis la création du camp de concentration de Dachau en mars 1933 : le pays était tombé entre les mains d'un régime terroriste ne reculant ni devant l'arbitraire et la torture ni devant la violence sanguinaire. Longtemps après la chute du IIIe Reich, la génération de ceux qui avaient vécu la guerre persista à soutenir qu'elle ne s'était doutée de rien. Les blagues de l'époque de la prise du pouvoir prouvent au contraire que cette affirmation était déjà fausse en ce qui concerne les premières années de domination nationale-socialiste.

IV
Humour et persécution

Les premières mesures antisémites vues à travers les blagues

Alors que les mesures de contrainte et les assassinats des premiers mois suivant la prise du pouvoir avaient eu pour but d'éliminer des adversaires politiques, les Juifs allemands devinrent bientôt la cible principale des persécutions. La stabilisation du régime et la disparition de toute opposition communiste, sociale-démocrate et conservatrice permirent aux nazis de concentrer leur énergie destructrice sur cette minorité bien intégrée dans la société. En mars 1933 déjà, des actes de violence antisémite avaient été perpétrés par des bandes de pillards appartenant à la SA, mais dans un premier temps les nazis se laissèrent impressionner par les critiques véhémentes en provenance de l'étranger. Tandis que Joseph Goebbels et l'antisémite en chef du parti, Julius Streicher, exerçaient des pressions pour qu'on organise des pogroms à grande échelle dans les rues, Hitler hésita. Finalement, la direction du parti nazi se mit d'accord pour décréter un boycott national des commerces, avocats et médecins juifs. Le premier avril, des SA en armes prirent position devant les magasins et tentèrent de décourager les clients d'y faire leurs achats. Ils barbouillèrent des slogans antisémites et peignirent des étoiles de David sur les vitrines. Certains se contentèrent de brandir des écriteaux incitant au boycott et d'insulter les commerçants juifs ; ailleurs se produisirent des scènes de pillage et des agressions. L'impression globale que laissa cette opération fut désastreuse : les bandes de brutes de la SA se rendirent encore plus impopulaires en provoquant un tel esclandre. Les manifestations de solidarité furent certes rares, mais au lieu de dresser le peuple contre les Juifs, le boycott déclencha exactement le contraire : les gens eurent pitié des victimes et le chiffre d'affaires des commerces juifs ne diminua pas, si l'on en croit les rapports d'opinion établis par les nazis, déçus de la réaction de la population.

L'humour juif de l'époque stigmatisa à plusieurs reprises ce boycott, qui constituait la première manifestation antisémite à l'échelle du Reich voulue par le régime. Les blagues avaient pour cible, ce qui n'a rien d'étonnant, l'arbitraire de l'État. Malgré l'épouvante due à cette provocation organisée par la SA et imposée de haut, on était pleinement conscient de l'absurdité de l'opération :

> *Une ville rhénane pendant le boycott. Des SA sont postés devant les magasins juifs et mettent tous les passants « en garde » de ne pas y pénétrer. Une femme veut entrer dans un magasin de tissus. Le garde l'arrête : « Vous là ! Restez dehors ! C'est un magasin juif !*

– Et alors ? Je suis moi-même juive !
Le garde la repousse : « Tout le monde peut dire ça ! »

Une chose fut désormais claire : la volonté souvent exprimée par les nazis d'exclure les Juifs, pourtant largement assimilés, de la société allemande, était sérieuse. Une minorité relativement peu nombreuse devint par la seule volonté de l'État l'exutoire des ressentiments racistes profondément ancrés au sein de la classe moyenne. Ce boycott, accompagné de tout un raffut de propagande, fit des Juifs les boucs émissaires officiels de toutes les injustices, même les plus fantaisistes. Mais curieusement, dans beaucoup de régions rurales, il n'y avait pas de Juifs – une chose sur laquelle la blague juive suivante ne manqua pas d'attirer l'attention :

Julius Streicher, un des protagonistes lors du boycott des magasins juifs, a reçu le télégramme suivant en provenance d'une petite ville du nord de l'Allemagne : « Envoyer tout de suite Juifs – stop – sinon boycott impossible ! »

Le boycott marqua le début d'une série interminable de mesures anti-juives, que Victor Klemperer et d'autres ont décrites de façon saisissante. Le IIIe Reich ne commença pas avec Auschwitz, mais gravit en plusieurs années tous les échelons menant à ce sommet de l'horreur. Les premières mesures eurent pour but de chasser le plus de Juifs possible d'Allemagne car l'État nazi lorgnait les biens de ceux qui s'étaient « enfuis » (terminologie nazie). La première des ordonnances anti-juives fut la *Gesetz zur Wiederherstellung des Berufsbeamtentums* (loi sur le rétablissement du fonctionnariat professionnel) du 7 avril 1935. Elle stipulait que les fonctionnaires « non-aryens » devaient être mis à la retraite d'office. La loi considérait comme non-aryens principalement ceux qui descendaient de parents ou de grands-parents juifs. Le « certificat d'aryanité » fut étendu un peu plus tard à d'autres professions, comme les notaires, les sages-femmes, les pharmaciens, etc., qui durent prouver la « pureté » de leur sang. Ce document absurde était aussi nécessaire pour l'obtention d'un prêt ou même l'acquisition du brevet sportif.

Les Juifs restés dans le pays se consolèrent grâce à l'humour noir :

> « *Quelle est la femme la plus désirée ? – La grand-mère aryenne, évidemment ! – Non ! – Mais qui alors ? – L'arrière-grand-mère juive : elle a apporté l'argent dans la famille et ne fait plus de tort !* »[45]

Un point culminant fut atteint, du moins provisoirement, en 1935, avec la *Gesetz zum Schutze des deutschen Blutes und der deutschen Ehre* (Loi pour la protection du sang allemand et de l'honneur allemand), appelée couramment *Blutschutzgesetz* (loi pour la protection du sang), interdisant le mariage (§ 1) ainsi que les relations extraconjugales (§ 2) entre Juifs et non-Juifs. L'article 5 prévoyait des peines draconiennes pour les contrevenants. Un jeu de mots pas très heureux voulait faire croire que ç'en était fini de la « honte raciale » en Allemagne. La raison : les Juifs riches se trouvaient déjà à l'étranger

45. Remarque de l'auteur : celui dont une arrière-grand-mère était juive et les autres aïeux « aryens » n'était pas concerné par les lois de Nuremberg.

et seuls les pauvres étaient restés – et la pauvreté n'est pas une honte !

Comédiens et cabarettistes sur la route de l'exil – Kurt Gerron et les enfants Klaus et Erika Mann

Le pouvoir ne s'immisçait pas seulement dans la vie privée des gens et les citoyens juifs ne pouvaient guère échapper aux innombrables interdits qui les frappaient dans d'autres domaines : ils ne purent plus avoir d'employées de maison « aryennes », on leur prit leurs autos, il leur fut interdit de hisser le drapeau allemand et leurs enfants furent expulsés des écoles. Ces nombreuses tracasseries, que rien ne pouvait justifier, devinrent le sujet principal des blagues juives :

> *Un inspecteur entre dans une classe et aperçoit une petite fille blonde assise toute seule sur un banc. L'inspecteur lui demande d'un ton bienveillant : « Pourquoi es-tu assise seule ici, mon enfant ? » L'enfant se met à sangloter : « À cause de grand-mère ! »*

> *Un enfant juif a dû subir les invectives antisémites du professeur. En rentrant chez ses parents, il pose cette question angoissée à sa mère : « Mutti, vous ne pourriez pas m'échanger contre un autre enfant ? »*

Certaines franges de la population ont sans doute plaint les Juifs ; plus d'un a aussi cherché à les aider. Mais la grande majorité a détourné le regard ou même, si elle en avait l'occasion, participé aux brimades quotidiennes dont ils étaient victimes. La blague suivante nous donne une impression amère de ce qu'était déjà le chemin de croix des Juifs allemands dans les années précédant la guerre :

> *Une dame distinguée ne trouve pas de place dans le tramway. Aucun homme galant en vue pour lui céder son siège. Seule une petite fille juive, toute modeste, lui offre sa place. Mais la dame, horrifiée, refuse de s'asseoir sur ce siège « juif ». C'est alors qu'un monsieur d'un certain âge se lève posément, en faisant remarquer qu'il s'agit d'un siège « aryen ».*

Presque personne ne leva le petit doigt pour aider les Juifs. Au contraire, des profiteurs sans scrupules s'emparèrent des emplois de ceux qui en avaient été chassés ou contraints à l'exil. C'est ainsi que le 30 septembre 1933, des milliers d'avocats juifs s'étaient déjà vu retirer l'autorisation d'exercer, et leurs collègues « aryens » s'empressèrent de reprendre leur clientèle et leurs dossiers. À la question « Comment vas-tu ? », une blague juive consistait à répondre : « Comme un avocat juif – pas de plaintes. »

Les brimades nazies devinrent de plus en plus contraignantes avec le temps : les Juifs ne purent ni s'asseoir sur les bancs dans les parcs ni entrer dans les salles de cinéma ; ils n'eurent même plus le droit de posséder des canaris. De nombreuses victimes de ces persécutions pressentirent que les temps changeaient et prirent le chemin de l'exil. Leurs biens furent vendus aux enchères à des « aryens » reconnaissants – à des prix ridicules et sans compensations pour les propriétaires. La population se pressait à ces enchères, espérant faire de bonnes affaires. Les Juifs qui étaient restés en Allemagne, eux, n'allaient pas seulement perdre leurs biens : leur vie serait bientôt menacée.

> *Levi et Hirsch se rencontrent par hasard dans la forêt vierge au Soudan, chacun portant un lourd fusil sur l'épaule et précédant un convoi de porteurs. Quelle joie de se revoir ! « Comment vas-tu ? Que fais-tu ici ? – Mais j'ai un atelier de sculpture d'ivoire à Alexandrie et, pour que la matière première soit moins chère, j'abats mes éléphants moi-même. Et toi ? – La même chose : je fabrique des objets en cuir de crocodile à Port-Saïd et j'abats les crocodiles ici. – À propos, comment va notre ami Simon ? – Oh, c'est devenu un aventurier : il est resté à Berlin ! »*

Pour les émigrants non plus, la vie n'était pas du gâteau. Les réfugiés n'étaient que rarement les bienvenus. Pendant la première grande vague d'émigration, une grande partie de l'intelligentsia juive afflua dans le petit pays qu'était l'Autriche. Malgré l'avantage manifeste de la langue commune, peu nombreux furent cependant ceux qui parvinrent à trouver une profession dans la république alpine. Au début des années 1930, le chômage y avait atteint des proportions catastrophiques. Des chômeurs traînaient à chaque coin de rue : on estimait leur nombre à un demi-million. Le gouvernement, présidé par l'austro-fasciste Dollfuß, échoua lamentablement dans sa lutte contre la crise économique.

Un autre facteur vint aggraver la situation des cabarettistes et des comiques exilés : il existait déjà à Vienne un monde du cabaret bien établi et profondément enraciné dans le paysage alpin, avec des célébrités comme Grünbaum, Farkas et Jura Soyfer. Et ceux qui avaient la chance d'être engagés devaient souvent jouer devant une salle vide. En résumé, de nombreux émigrants affluèrent dans un pays qui se trouvait déjà dans une piteuse situation. La situation politique était instable. Dollfuß fut assassiné ; son successeur, Schusschnigg, un homme faible, n'était guère aimé de la population. À l'instigation du gouvernement allemand, les nazis autrichiens versaient de l'huile sur le feu chaque fois qu'ils le pouvaient. À côté de ces violents actes de propagande, ils se manifestaient de plus en plus fréquemment par leurs invectives antisémites. La situation s'envenimait, mais en ce début des années trente, l'Autriche resta le principal refuge pour les émigrants.

Kurt Gerron, cet acteur corpulent spécialisé dans les rôles de caractère, se retrouva également dans la métropole danubienne en 1934. À peine six ans plus tôt, il avait encore chanté la chanson de Mackie-le-Surineur lors de la première représentation mondiale du *Dreigroschenoper* (« L'Opéra de Quat'Sous ») à Berlin, qui avait connu un grand succès. On avait pu le voir aux côtés de Marlene Dietrich dans *Der Blaue Engel* (« L'Ange bleu ») et il avait entamé une carrière prometteuse en tant que réalisateur de comédies. Et voilà que tout à coup, il fit partie des pestiférés. Le jour du boycott des magasins juifs le premier avril 1933, le directeur de production du film de Gerron, *Amor an der Leine* (« Chérie, j'attends ton arrivée ») s'était rendu sur le plateau aux studios de Babelsberg, en déclarant à haute voix : « Ceux qui ne sont pas de pur sang aryen quittent le studio immédiatement. » Magda Schneider, qui tenait le premier rôle féminin, se souvenait après la guerre de la réaction de Gerron à son expulsion : le grand homme était devenu effroyablement pâle, disait-elle ; il quitta l'atelier, les épaules basses. Personne ne bougea le petit doigt pour le défendre contre le directeur de production.[46]

Otto Wallburg, son collègue à la voix délicieusement gargouillante, put en revanche rester : il s'était procuré à temps un permis de travail, qui n'était toutefois que « provisoire ». Les mesures prises contre les acteurs de cinéma juifs n'étaient pas encore couvertes par la loi ; il était cependant inutile de protester : celui qui déposait un recours devant les tribunaux était débouté. Kurt Gerron décida de ne pas intenter de procès à son ancien employeur. Il avait vite compris que sa situation était sans espoir dans ce nouveau Reich. « Si ça marche ici, je veux bien m'appeler Moritz », disait-il à Otto Wallburg.

Son film fut terminé par Hans Steinhoff, un de ces « cent cinquante pour cent » en qui les nazis avaient une confiance aveugle. L'étoile de Steinhoff continua à monter irrésistiblement dans l'Allemagne hitlérienne : il tourna bientôt le film à succès *Hitlerjunge Quex* (« Le jeune hitlérien Quex »). Pour son collègue Gerron, ce fut en revanche le début d'un chemin de croix de dix ans qui allait le précipiter dans un gouffre sans fond et, finalement, vers la mort.

À Vienne, la métropole bouillonnante à l'activité débordante, Gerron réussit un coup de maître là où la plupart des émigrants avaient échoué : il trouva tout de suite du travail. La comédie romantique *Bretter, die die*

46. Cf. l'interview de Magda Schneider dans le film *Prisoners of Paradise*, USA, CAN, D, 2002.

Welt bedeuten (« Sur les planches du théâtre se déploie un monde idéal »), une commande de la Tobis-Film, fut tournée avec Otto Wallburg, un autre réfugié, dans le rôle principal. Malgré une distribution prestigieuse, cette production fut un échec financier : les films tournés par des Juifs étaient invendables en Allemagne et le marché autrichien était trop petit pour couvrir les frais. Dès lors, les patrons des studios viennois évitèrent Gerron, dont la source de revenus se tarit. Sa femme, mais aussi ses parents, étaient entre-temps arrivés à Vienne, ce qui aggrava encore la situation financière familiale. Un an et demi après son arrivée, Gerron décida de quitter l'Autriche. L'étape suivante de son exil fut La Haye, aux Pays-Bas, un pays neutre où les émigrants étaient accueillis à bras ouverts. Pour les Juifs restés à Vienne, les Grünbaum et autres Soyfer, le réveil serait dur : Hitler lorgnait déjà avec convoitise en direction de son ancienne patrie.

L'autre république alpine devait rester, elle, un havre sûr pendant toute la durée du IIIe Reich. Cela n'empêcha pas la Suisse d'adopter une politique d'asile dure et d'entretenir des rapports ambigus avec l'Allemagne. Le gouvernement helvétique ne prit pas clairement position contre la politique inhumaine du grand voisin : son attitude oscillait globalement entre une réserve toute diplomatique et une indifférence pure et simple vis-à-vis de la souffrance des réfugiés. Le silence des autorités contrastait de manière flagrante avec les vociférations du mouvement fasciste, qui ne cachait pas sa volonté d'exercer une plus grande influence sur la politique suisse.

Le cabaret politique *Cornichon* fut de plus en plus la cible des frontistes zurichois, sympathisants des nazis.

Walter Lesch, l'intrépide fondateur de cette institution politico-littéraire, devint l'ennemi intime de l'extrême droite. Ce que le gouvernement voulait éluder à tout prix, le public payait pour qu'il en soit débattu ouvertement soir après soir chez Lesch. Le programme proposait des numéros satiriques à ce point corrosifs que le ministère des Affaires étrangères de Ribbentropp se sentit plusieurs fois obligé de faire parvenir des notes de protestation aux Suisses. Mais ni les protestations ni les hurlements des frontistes n'y firent quelque chose : le *Cornichon* resta ouvert malgré tous les appels en faveur de la censure et de l'interdiction et devint le point de ralliement du monde du cabaret allemand en exil. Là, devant le public zurichois, ce dernier put déverser ses moqueries sur les nazis, qu'il tournait en dérision sans risquer leurs foudres vengeresses. Lesch ajoutait à l'ambiance avec ses chansons antiallemandes, dont les paroles étaient beaucoup plus intransigeantes que tout ce qui était proposé dans le monde alpin. Pour le cabarettiste, l'Allemagne, c'était le méchant royaume de Nazidonie, comme nous l'explique son couplet-refrain de 1938 :

Il est la faute de tout
En Nazidonie, Nazidonie,
Le pays des tout tout vrais Aryens,
Le Reich des mille petites années
Et des couples de race pure,
Veille un guide, grand et fort,
Sur le beurre, le sang et la foutaise.
Mais notre deuxième Wotan
Peut tonner, faire des éclairs
Et diriger tout à tue-tête,
La graisse, elle, devient très rare.

Et le Führer cherche menaçant
Notre méchant agresseur.
Car c'est absolument vrai
Que la faute est à quelqu'un.
Regardez donc : évidemment,
Le méchant est tout trouvé,
Isidore, toujours dégénéré,
A de nouveau tout monté.
Et comme peine pour sa haine,
On lui prend argent et passeport.
Et le peuple sans saindoux
Pense du moins qu'il est sauvé.

La morale de cette histoire,
Elle est courte et toute simple :
Si le Juif n'était pas là,
Pas moyen de gouverner !
En Italie, en Italie,
Le pays de la musique,
Les moineaux sifflent méchamment
Sur les toits des palazzi
Que la lire ne roule plus,
Que le Duce est très furieux,
En Abyssinie lointaine
Sous les pins ou les palmiers
Nul ne fait plus ce qu'il veut
Dans le sable du désert.
Comme le guide ne se trompe pas,
La logique ne dit qu'une chose :
Les agresseurs déjà connus
Sont aussi traîtres sur le Pô
Qu'ils le sont partout ailleurs.
Le mauvais est tout connu :

C'était bien le Signor Cohn.
Et pour son crime voici sa peine :
Il aura la nuque brisée.
Et le peuple, même pillé,
Se sent un peu moins grugé.

La morale de cette histoire
Est la même un peu partout :
Si notre Juif n'était pas là,
Qui serait la faute de tout ?

En Roumanie, en Roumanie,
(Et pourquoi pas la Roumanie ?)
Les petits gamins déjà
Doivent avoir leur vilain Juif.
Car que ferait-on sinon
Pour se payer leur tête ?
Il faut trouver quelque chose
Pour cacher la vérité.
On a besoin de quelqu'un
Qu'on peut traîner dans la boue.
En Allemagne, à Rome et au Japon,
Propre et vertueux, franco-espagnol.
On ne peut détruire un peuple
Qu'en lui donnant une victime.
Juif ou communiste,
Chercheur de la Bible, chrétien courageux,
Tous sont là pour éviter
Qu'on haïsse les vrais coupables.
Il nous reste un peu de temps
Avant d'y passer nous-mêmes.
Et le peuple, même trahi,
Ne sent pas le coup venir.

Et la morale pour toujours,
Jusqu'à la fin des temps :
Si le Juif n'était pas là,
Il nous manquerait beaucoup, à vous et moi ![47]

Le cabaret *Pfeffermühle* (Moulin à poivre) de Zurich proposait des sketches critiques et politiques plus discrets, enrobés de toutes sortes d'allusions et de métaphores. Ce petit cabaret, qu'hébergeait l'hôtel « Hirschen », avait été fondé par Klaus et Erika Mann en 1933. Klaus décrivit leur projet audacieux en ces termes :

Un programme de cabaret avec une touche politique très prononcée ; une protestation gentiment ludique, mais en même temps très sérieuse et passionnée, contre l'ignominie nazie. Les textes de la plupart des numéros – des chansons, des récitals poétiques, des sketches – étaient d'Erika (et quelques-uns de moi) ; Erika était à la fois maître de cérémonie, directrice, organisatrice ; Erika chantait, jouait, engageait, inspirait, bref, c'était l'âme du cabaret.[48]

À l'origine, le *Pfeffermühle* était situé à Munich, mais des mouchards nazis se trouvaient parmi le public et la presse brune menait en permanence une campagne haineuse contre le petit théâtre. Après l'incendie du Reichstag, le climat politique devint trop dangereux pour ce cabaret de gauche. Mais même après le départ pour la Suisse, le métier d'humoriste politique resta quelque chose de risqué. La réaction du public suisse fut majoritairement hostile à ces spectacles satiriques camouflés

47. Notre trad.
48. Cité d'après Hippen, p. 18 ; notre trad.

en allégories. Tantôt c'était Robert Triesch qui, déguisé en chef-coq, remuait un immense bouillon de mise au pas, tantôt c'était Erika Mann qui chantait le couplet-refrain du Prince du pays des mensonges, un personnage derrière lequel il fallait bien sûr reconnaître Hitler :

Je suis le Prince du Pays des mensonges
Je mens à faire plier les chênes.
Mon Dieu, ce que je peux mentir,
Je mets tous les menteurs hors-jeu.

Je mens avec tellement d'aisance,
J'en fais tomber le bleu du ciel.
Que de mensonges volent en l'air,
Le vent susurre sur le lac qui ment.

Ce cher été est déjà là,
Bourgeons qui poussent sur les arbres,
Violettes jaunes le long des prés,
La guerre n'a pas fait de blessés.

Haha ! Vous l'avez cru, je l'avais vu.
Je l'ai bien lu sur vos visages.
Même si j'ai tout à fait menti,
Pour vous, c'était la vérité.

Mentir c'est beau,
Mentir c'est bien,
Mentir, ça porte bonheur,
Mentir, ça ravigote,
Mentir, ça donne de belles longues jambes,
Mentir, ça rend riche,
Mentir, ça fait chic,
Ça fait vrai,

Ça lave les péchés,
Ça marche en laisse comme un petit chien.

Dans mon pays plein de mensonges
On ne dit plus la vérité !
De gros fils de mensonges
Enrobent notre immense empire.

Tout est beau tout est bien,
Nous tuons tous nos ennemis,
Nous sommes tous décorés,
Courage et gloire sont des mensonges.

Menteur une fois ? On ne le croit pas,
Menteur toujours ? On le croit toujours.
Le monde entier ne croira pas
Qu'il ne dit pas la vérité.

[…]
Mentir est très facile,
Tout est très bien
Dès qu'on l'obtient,
Mentir est un moyen qui sert une fin,
Mentir apporte gloire
Au royaume des mensonges.
Mentir est plein de couleur
Et signe d'élégance ;
La vérité stupide est, elle, de la grisaille.

Je suis un Prince du Pays des mensonges
[…]
Je mélange le poison et souffle sur le feu,
Épargne à mon pays la guerre.
Quiconque ne me croit pas,

Je lui prouve le contraire,
Moi, Prince du Pays des mensonges !
[...][49]

La bataille rangée du Casino-Kursaal de Zurich, déclenchée par les frontistes fascistes alors que le *Pfeffermühle* s'y produisait, fit date dans les annales du spectacle de cabaret : chaises et verres volèrent, pendant que les fascistes criaient « Les Juifs dehors ! » et « On n'a pas besoin de Juifs en Suisse ! ». Au lieu de bénéficier de la protection des autorités, les Mann durent défendre publiquement leur projet militant. Plus grave encore, la représentation de l'Allemagne nazie auprès du gouvernement suisse avait joué des muscles – avec comme résultat l'interdiction faite aux étrangers de se livrer à des déclarations politiques, sous peine de poursuites. L'Europe misait sur l'apaisement : les États voisins de l'Allemagne s'empressèrent ainsi de faire des concessions à Hitler dans l'espoir de le calmer. Cette politique de l'autruche signifia aussi la fin du cabaret politique de Klaus et Erika Mann. Après son interdiction, Erika Mann envoya aux rédacteurs des principaux journaux suisses une lettre ouverte, dans laquelle elle justifiait avec force arguments le travail accompli :

Le Pfeffermühle *« n'est pas un « cabaret qui incite à la haine », il n'est pas le « cabaret d'un parti », il n'est pas un « théâtre d'émigrants ». C'est une association de jeunes artistes de différentes nationalités (Suisses, Allemands, Russes, Autrichiens) s'efforçant*

49. Cit. d'après Hippen, p. 26 et suiv. ; notre trad.

> *de divertir tout en maintenant un niveau décent et de faire réfléchir tout en divertissant.*
>
> *« Le* Pfeffermühle *aimerait que vous réfléchissiez… » – c'est par cette phrase que pourraient commencer nos programmes et nos cartons d'invitation. Nous essayons de dire sur le ton léger que nous avons choisi les choses graves qui doivent être dites aujourd'hui et nous aurions de bonnes raisons d'avoir honte, si nous voulions cesser.*[50]

Les Mann entreprirent bien une deuxième tentative en 1937, à New York cette fois, où personne ne fit toutefois preuve d'un intérêt particulier pour le cabaret politique ou le sort des Européens continentaux.[51] Malgré son échec, le *Pfeffermühle* fut le cabaret d'exilés qui connut le plus de succès et exerça la plus grande influence pendant les années nationales-socialistes. La fin du projet fut symptomatique de la situation que vivaient les exilés politiquement actifs pendant la période d'avant-guerre. Dans la plupart des pays, ils furent réduits au silence. En Suisse, la condition des réfugiés était doublement précaire : les gens craignaient une « surpopulation étrangère » et beaucoup de Suisses étaient profondément xénophobes. Erika Mann, qui possédait un passeport britannique depuis son mariage avec W. H. Auden, ne fut pas touchée par la législation restrictive en matière de visa, mais pour les émigrants juifs, qui n'étaient même pas reconnus comme réfugiés politiques, le passage de la frontière suisse ne signifiait souvent qu'un sursis avant

50. Cf. Hippen, p. 23 ; notre trad.
51. Cf. Kühn, p. 55 et suiv.

la déportation vers un camp de concentration allemand. La « reconduite à la frontière », comme on appelait l'expulsion forcée du territoire, n'était souvent rien d'autre qu'une condamnation à mort camouflée.[52]

« Vous êtes des Juifs ! »
La face hideuse de l'humour

En Allemagne, la situation des Juifs empira. Les nombreuses humiliations, les insultes et les actes de violence commis avec l'appui du gouvernement étaient accompagnés d'une campagne de presse haineuse et répugnante dans le *Stürmer*, le journal de Julius Streicher. Ce Franconien profondément antisémite publiait des caricatures d'une grossièreté difficilement égalable, et sur la page de titre étaient déclinés tous les clichés imaginables à propos des Juifs. Le *Stürmer* affichait une prédilection suspecte pour le fantasme sexuel selon lequel les Juifs voulaient souiller les filles « aryennes ». Les dessins érotico-pornographiques illustrant les articles sur ce sujet reflétaient l'obsession de la physionomie à cette époque. À en croire du moins le *Stürmer*, le nez crochu, le nez en forme de « six », comme on disait, était la principale caractéristique extérieure des Juifs. Alors que le « souilleur de race » juif avait les cheveux gominés à la manière d'un *latin lover*, Streicher exigeait que les banquiers juifs fussent de gros lards répugnants au regard fourbe. L'édition suivante en montrait un braquant le coffre-fort, tandis qu'un autre était vautré sur un globe terrestre, en train – sommet de l'obsession

52. Cf. Hippen, p. 14.

anale – de déféquer dessus avec son gros postérieur. Le monde et la perception perverse qu'en avait le *Stürmer* étaient le fruit de l'imagination des cerveaux malades qui régnaient maintenant sur l'Allemagne au nom du peuple. Les caricatures antisémites correspondaient de façon inquiétante aux fantasmes du leader suprême nazi, qui avait déjà fourni de semblables exemples de sa haine des Juifs dans *Mein Kampf* :

> *Le jeune Juif aux cheveux noirs épie, pendant des heures, le visage illuminé d'une joie satanique, la jeune fille inconsciente du danger, qu'il souille de son sang et qu'il ravit ainsi au peuple dont elle sort.*[53]

Le courrier des lecteurs du *Stürmer* comportait un nombre effarant de témoignages de jalousie sexuelle adolescente, mais aussi de blagues antisémites. La prétendue cupidité et l'« avarice » des juifs étaient les cibles privilégiées de cet humour perverti. Les lecteurs du *Stürmer* inventèrent un nombre infini de variantes sur ce motif[54] :

> *Pinkus et un goy ont été agressés dans un bois. Des voleurs de grand chemin s'apprêtent à les dépouiller. Pinkus sort alors son portefeuille en disant à son compagnon d'infortune : « C'est juste, je vous devais encore 500 schillings ; voilà, vous êtes remboursé ! »*

De pareilles histoires drôles circulaient parmi la population, ayant pour résultat de diffuser et de renforcer les

53. Hitler, p. 325.
54. Cf. Hahn, p. 225.

préjugés. Les lecteurs du *Stürmer* les collectionnaient, mais les blagues sur les Juifs étaient également racontées par des gens totalement apolitiques : c'était là un symptôme de l'antisémitisme latent qui s'était incrusté dans la société allemande bien avant la domination nazie et allait préparer le terrain pour les persécutions des Juifs sous le IIIe Reich. La frontière était mince entre boutades innocentes et blagues diffamatoires, pleines de ressentiment. Tous les raconteurs de blagues ne savaient pas non plus où se situait la ligne rouge séparant le mauvais goût de l'insulte, mais le simple colportage en toute naïveté des clichés contribuait aussi à l'exclusion de la minorité juive, totalement intégrée jusqu'alors. Cette marginalisation avait pour conséquence qu'on était désormais perçu comme un corps étranger et livré à l'arbitraire du pouvoir : les blagues sur les Juifs n'étaient donc pas du tout inoffensives. Dans un contexte d'expropriations, d'expulsions et de persécutions, il était inhumain et cynique de plaisanter sur la prétendue cupidité des Juifs, car cela conférait à l'injustice une apparence de légitimité. Les blagues de l'après-guerre sur l'avarice des Écossais, qui n'étaient en réalité que des blagues sur les Juifs adaptées aux circonstances, ne souffrent pas de cette tare : les Écossais ne sont pas une minorité persécutée et il n'existe pas contre eux de ressentiment largement répandu. D'ailleurs, l'avarice ne passe pour un défaut typiquement écossais que dans les blagues allemandes : en Grande-Bretagne, on ne connaît pas d'histoires drôles sur cette particularité « proverbiale » des Écossais.

À côté des blagues innombrables stigmatisant la cupidité des Juifs, il en existait d'autres à l'époque nazie, celles-là fortement teintées d'idéologie et véhiculant des clichés très spécifiques. L'histoire suivante, dont avait pris note une ménagère de Westphalie, épingle la prétendue connivence entre Juifs et communistes. Bien qu'elle ait été colportée par la rumeur populaire, son message politique nous fait dire qu'à l'origine, elle devait venir de la plume d'un rédacteur nazi :

> *Trotski, Lénine et Litvinov parcourent une petite ville en Russie. Des enfants leur crient : « Nous savons qui vous êtes, nous savons qui vous êtes. » Trotski, très fier, à ses accompagnateurs : « Vous voyez comme nous sommes célèbres ; même les enfants nous connaissent. » Les enfants s'enfuient alors en criant : « Vous êtes des Juifs, vous êtes des Juifs. »*

Un des protagonistes de cette blague, Maxime Litvinov, était ministre soviétique des Affaires étrangères et l'une des cibles favorites de la propagande allemande. La presse ne parlait de lui que comme du « Juif Finkelstein » : il symbolisait tout ce qui était mauvais dans le monde et passait pour être la preuve vivante du lien entre « bolchevisme » et judéité. En Allemagne, ce n'était pas un être humain, mais une caricature, un calque.

Il existait enfin des plaisanteries dans lesquelles les Juifs étaient ouvertement menacés de violence : elles étaient racontées d'un ton léger non seulement par des nazis endurcis, mais aussi par la grande masse des suiveurs complaisants. Plusieurs sources citent par exemple cette blague écœurante, d'après laquelle RADIO est une abréviation de *Rein Arischer Darf Itzig Ohrfeigen* (Pur Aryen Peut Gifler [le Juif]Itzig). Les nazis à « cent cinquante pour cent » n'avaient pas le monopole du cynisme et du manque de tact : les fantasmes antisémites les plus violents étaient également très répandus parmi les citoyens allemands apolitiques. Le tir de barrage de la propagande peut évidemment avoir contribué au développement de la haine des Juifs, mais la population a inventé la plupart des blagues antisémites de sa propre initiative – un indice inquiétant de l'attitude fondamentalement hostile aux Juifs qui fut celle des Allemands.

Il ne suffit donc pas de réduire l'humour sous le IIIe Reich à des blagues chuchotées critiquant le régime. La plupart de celles qui avaient trait à l'actualité étaient, comme nous l'avons expliqué dans l'introduction, totalement inoffensives et sans la moindre orientation politique. On compte parmi elles une grande quantité de blagues sur la vanité de Göring (*Qu'est-ce qui vole dans les airs avec un cliquetis ? Réponse : Hermann*)[55] ainsi que de nombreux jeux de mots puérils (*Qui paye nos excursions avec la KdF* [Kraft durch Freude : La force par la joie] *? – Réponse : Dänemark, c'est-à-dire Dä ne Mark et dä ne Mark* [en allemand parlé : ton mark]). Quant aux blagues nationales-socialistes teintées d'idéologie, il y en avait, mais après la guerre, personne ne semblait s'en souvenir. L'humour politique qui s'inscrivait ouvertement dans la ligne du régime n'apparaît donc que rarement dans les récits des témoins de l'époque. Quelques blagues isolées nous sont toutefois restées et, à nouveau, on ne peut les comprendre qu'en les replaçant dans leur contexte historique. La sortie de l'Allemagne de la Société des Nations, par exemple, un des premiers coups diplomatiques d'Hitler, frappa l'imagination

55. Remarque de l'auteur : Hermann Göring était ministre de l'Aviation du Reich.

de la population : les négociations internationales de Genève sur le désarmement duraient depuis des années – au grand désavantage des Allemands, comme le pensaient beaucoup de gens aux idées nationalistes. Le gouvernement à majorité nationale-socialiste se déclara profondément indigné par la période probatoire que les puissances victorieuses de la première guerre mondiale voulaient imposer à l'Allemagne. La France surtout exigeait que l'Allemagne ne puisse disposer d'un potentiel militaire égal à celui des autres puissances européennes qu'après une période probatoire de quatre ans. Hitler répondit par un coup d'éclat diplomatique en décidant le retrait de l'Allemagne de la SDN (le prédécesseur de l'ONU), décriée comme étant un salon de palabres stériles. Il fit plébisciter cette décision, qui surprit tous les acteurs politiques, en organisant une consultation populaire. Le gouvernement nazi gagna le référendum à une large majorité – l'humiliation due à la défaite et aux exigences de réparations jugées disproportionnées était encore profonde chez les Allemands. Rares furent ceux qui pleurèrent la disparition de la SDN, synonyme pour la plupart d'asservissement de l'Allemagne. La blague suivante souhaite la mort aux délégués de l'organisation mondiale :

> *Lors d'une session de la SDN à Genève, un colis est remis, portant cette inscription : « Veuillez vous servir. » Le colis contenait des… cordes.*

Il avait fallu des années à la République de Weimar pour être admise comme membre, mais les négociations internationales n'avaient entraîné que des frustrations : le geste énergique d'Hitler fut dès lors accueilli avec soulagement. Une blague bien en phase avec la politique nationale-socialiste évoquait un tout nouveau fromage SDN. Un garçon de restaurant, à qui on demande la particularité de ce mets bizarre, répond : « Ce fromage se décompose tout seul. » Dans ces blagues sur la SDN transparaît un mélange de défi et de mégalomanie et, de fait, les Allemands n'étaient pas peu fiers de cette puissance et cette autonomie retrouvées sur un simple ordre du Führer. Aussi est-ce avec une pointe de fanfaronnerie teutonne que les plaisanteries fusèrent quand le pays se lança dans de gigantesques programmes d'armement sans être couvert par des accords internationaux :

> *Qu'est-ce que ça veut dire, quand le ciel est tout noir ? Réponse : il y a tellement d'avions dans le ciel que les oiseaux doivent aller à pied.*

Plus tard, pendant la première phase de la guerre, lorsque l'Allemagne nationale-socialiste ne connaissait que des succès, le comique troupier se manifesta par des blagues viriles du genre : « *Le pape est arrivé à Varsovie. Il donne l'extrême-onction aux Polonais.* » Dans l'humour du IIIe Reich – celui des vainqueurs – se reflète cette autosatisfaction née du sentiment d'être dans son droit. Dans l'ivresse des victoires, les Allemands oublièrent tous leurs complexes d'infériorité accumulés pendant l'époque de Weimar et se comportèrent comme des êtres supérieurs bruyants, rabaissant ceux qui leur étaient inférieurs. De nombreuses blagues rendent hommage au représentant suprême d'un Reich ne calculant qu'en termes de millénaires, tandis que les vaincus ne récoltent que sarcasmes :

> *Qui est le plus grand électricien d'Allemagne ? Adolf Hitler. Il a connecté l'Autriche, déconnecté la Russie,*

mis le monde entier sous haute tension et manipule toujours l'interrupteur.
Quels sont les trois plus grands photographes ? Hitler, Mussolini et [le président tchécoslovaque] *Beneš. Pourquoi ? Hitler déclenche, Mussolini développe et Beneš (se) tire.*

De nombreux professionnels de l'humour faisaient preuve de la même suffisance dans leurs plaisanteries : un animateur de la télévision d'État nazie (celle-ci ne devait jamais dépasser le stade expérimental) alla jusqu'à menacer les dissidents politiques du camp de concentration à travers ses calembours. Il est impossible de dire aujourd'hui si ce sketch politique présenté avec un sourire de félin fit rire les gens.

Mais revenons à la musique : je suis tout compte fait heureux de ce que tout marche aujourd'hui magnifiquement en cadence, *n'est-ce pas ? Même s'il y a toujours ça et là des gens qui préfèrent le jeu* travers*ier et parfois aussi d'autres qui voudraient placer tous les instruments au* centre – *les* orchestrateurs de devises –, *nous ne prenons pas de gants avec eux et les envoyons dans un camp de* concert*ation, où ils apprendront à* connaître la musique, *jusqu'à ce qu'ils soient des collaborateurs faisant preuve de* mesure.[56]

Faire du cabaret une arme contre les opposants : une telle perspective ne pouvait que plaire à Hitler et à ses camarades. Malgré ses poses d'imperator romain,

56. Notre trad.

le dictateur aimait les divertissements superficiels et les blagues salaces. Il pouvait se tordre de rire en écoutant les bons mots de son comparse munichois, le photographe Hoffmann, qu'il invitait régulièrement, en même temps que Goebbels, à des soirées « blagues ».[57] Les dirigeants nazis, qui permettaient à leurs sbires de se montrer impitoyables vis-à-vis des comiques juifs et des cabarettistes trop critiques, n'avaient donc rien contre l'humour : il devait simplement rester dans la ligne du parti. Quand Rudi Godden débitait ses âneries contre la dégénérescence de l'art moderne au cabaret populo-raciste *Die Acht Entfesselten* (« Les Huit Déchaînés »), même le soupçonneux ministre de la Propagande n'avait rien à y redire. On ne signala non plus aucune réclamation émanant de la Gestapo et concernant le *Tatzelwurm*, qui avait squatté les locaux du *Katakombe* après la fermeture de ce dernier.[58] Hitler et Göring aimaient se montrer dans les temples de la variété ; les salles de music-hall purent toujours rester ouvertes, même pendant la phase terminale de la guerre, et les artistes de théâtre et de cirque les plus populaires étaient exemptés de service militaire en vertu d'une « Führerliste » établie par Hitler en personne. Pour amuser le Führer, l'entreprenant ministre de la Propagande organisait des galas privés auxquels étaient conviés de jolies danseuses et des comédiens nazis. Hitler et son entourage riaient jusqu'aux petites heures des histoires complaisantes racontées par des cabarettistes tout fringants comme Jupp Hussels et Manfred

57. Cf. Steinert, p. 327.
58. Cf. Kühn, p. 81.

Lommel. Aux actualités hebdomadaires, les chefs nazis redevenaient alors les très sérieux dominateurs du monde qu'ils s'imaginaient être. Hitler affichait cet humour bien à lui – fait d'insultes à l'adresse des autres – uniquement lorsqu'il s'agissait de ridiculiser ses adversaires. Le Premier ministre britannique Chamberlain était pour lui le « type au parapluie », Roosevelt un « paralytique » et Churchill un « soûlard ».[59] Hitler proclama au Palais des sports :

> *Il n'existe pas de mot en haut allemand pour qualifier un phénomène comme Duff Cooper* [sécrétaire d'État britannique à la Défense, adversaire de l'accord de Munich] *; il faut avoir recours au dialecte et seul le bavarois connaît un terme qui caractérise un tel homme : « Krampfhenne ! »* (Poule hystérique)[60]

Grâce et disgrâce sous le IIIe Reich Weiß Ferdl et Karl Valentin

Le dictateur n'avait pas le sens des nuances : son humour étrange en est une preuve. Il n'était pas le seul dans l'Allemagne nazie : quelques comiques professionnels du cinéma aimaient aussi raconter des plaisanteries médiocres. L'enfant chéri des nazis était Weiß Ferdl – chanteur et comédien populaire dont il a déjà été question –, qui entretenait des contacts avec les chefs nazis depuis les années 1920. Sous le IIIe Reich, il devint une grande star. À côté de ses chansons complaisantes à l'égard du régime, le barde bavarois produisit aussi

59. Cf. Wiener, p. 37 et suiv.
60. Cf. Wiener, p. 36.

plusieurs comédies populaires impossibles, qui n'avaient guère d'égal en matière de platitude. Le sommet de la bêtise fut atteint dans son film de 1939, *Der Lachdoktor*, où il jouait le rôle d'un médecin de campagne dans une intrigue simpliste : les grosses blagues à se taper les cuisses étaient assorties de folklore en robe dirndl[61], sans oublier l'inévitable casting blond aryen qui semblait être issu d'une consanguinité alpine vieille de plusieurs centaines d'années. La presse mise au pas apprécia cette stupidité proto-bavaroise et fit de Weiß Ferdl son grand chéri. La bienveillance du Führer contribua aussi à promouvoir la carrière verticale du chanteur de rue aux couleurs blanc et bleu de sa région. Hitler se fit projeter le *Lachdoktor* en privé dans son nid d'aigle de l'Obersalzberg à Berchtesgaden.

Karl Valentin, dont les talents de comique dépassaient de loin ceux de Weiß Ferdl, ne partagea pas avec ce dernier les faveurs douteuses des bonzes nazis. Son humour fin et anarchique n'était pas assez bon enfant aux yeux du pouvoir. Valentin avait en outre la réputation d'être un « drôle d'oiseau (de gauche) », même s'il s'abstenait de déclarations politiques et alla jusqu'à faire parvenir à la Chambre de la culture du Reich un courrier dans lequel il prenait position sur les blagues irrespectueuses que la rumeur publique lui attribuait. Valentin eut beau nier avoir des opinions critiques, rien n'y fit et son film totalement apolitique *Die Erbschaft* (« L'héritage ») fut interdit pour « misérabilisme ». Valentin et sa partenaire Liesl Karlstadt, qui avaient tourné ensemble des grosses farces classiques comme

61. Robe traditionnelle.

Die Orchesterprobe (« La répétition d'orchestre ») et *Im Fotoatelier* (« Dans l'atelier de photographie »), furent frappés *de facto* d'un interdit professionnel. C'était là une fin de carrière humiliante et totalement indigne pour le meilleur duo de comédiens que l'Allemagne connut. Karl Valentin, cette personnalité lumineuse du monde de l'humour, se retira, profondément amer, de la vie publique.

HITLER vu par les caricaturistes du monde entier

Couverture du livre de « Putzi » Hanfstaengl, 1933
Édité avec l'autorisation du Führer

Tinte *(L'encre) : L'illustration veut dire qu'Hitler incitait à la guerre.*

Tatsache *(Les faits) : Le 15 avril 1933, Hitler fait signer par l'ambassadeur allemand à Rome le « pacte des quatre puissances », grâce auquel la paix est garantie pour dix ans en Europe par l'Angleterre, la France, l'Italie et l'Allemagne.*

Hanfstaengl ajoutait un « droit de réponse » à chaque caricature.

Tinte : *Le 25 septembre 1930, Hitler avait déclaré en tant que témoin devant le Tribunal du Reich* (Reichsgericht) *à Leipzig qu'après la prise du pouvoir par le national-socialisme, « des têtes rouleraient » en Allemagne. Sa déposition a amené la revue « Ulk » (Farce) à publier cette caricature vraiment farceuse.*

Tatsache : *Après la prise du pouvoir, Hitler a fait « rouler » toute une série d'anciennes « têtes » vers les camps de concentration. Cela s'est produit, parce qu'il avait décidé d'être un vainqueur magnanime et souhaitait épargner à la grande masse saine des Allemands désireux de reconstruire leur pays les horreurs d'un règlement de comptes sanglant avec ses adversaires.*

Adolf

Adolf – Le grand chef de la tribu des chasseurs de têtes sauvages après la bataille de Leipzig – en grand costume de guerre.

Caricature par E. O. Plauen, 1931.

Fritz Petter avait appris à son singe à faire le « salut allemand ».

Werner Finck vers 1935.

La troupe du Katakombe.

Weiß Ferdl

Karl Valentin

Le KADEKO (Cabaret des comiques) *de Willi Schaeffers*

Programme du Pfeffermühle *d'Erika Mann, 1933.*

Fritz Grünbaum (à gauche) avec Oskar Sima dans Ein Lied, ein Kuß, ein Mädel *(« C'est un amour qui passe »), 1932.*

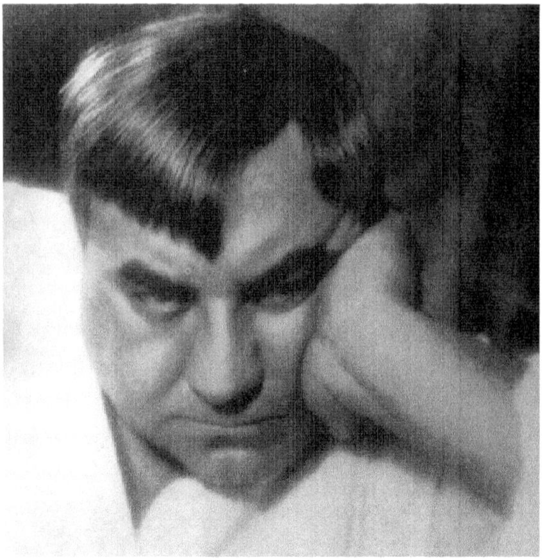

Kurt Gerron, 1927.

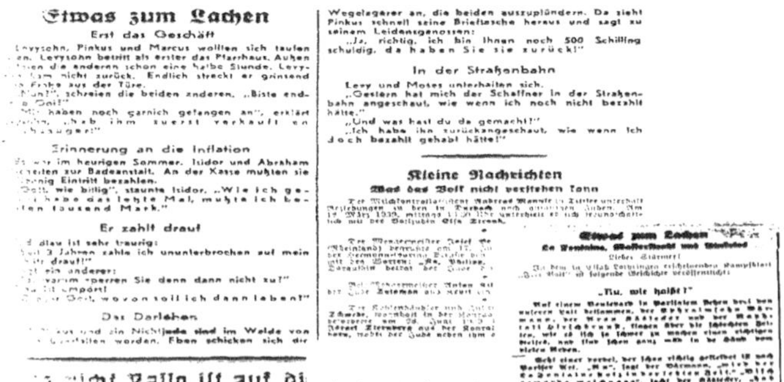

Etwas zum Lachen

Erst das Geschäft

…vysohn, Pinkus und Marcus wollten sich taufen …en. Levysohn betritt als erster das Pfarrhaus. Außen …ten die andern schon eine halbe Stunde. Levy… kam nicht zurück. Endlich streckt er grinsend …n Frake aus der Türe.

…Nun?", schreien die beiden anderen, „Biste end… …"

…haben noch garnich gefangen an", erklärt …, „hab ihm zuerst verkauft en …"

Erinnerung an die Inflation

… war im heurigen Sommer. Isidor und Abraham …eiten zur Badeanstalt. An der Kasse mußten sie …nig Eintritt bezahlen.

…, wie billig", staunte Isidor, „Wie ich ge… …habe das letzte Mal, mußte ich be…ten tausend Mark."

Er zahlt drauf

… ist sehr traurig:

…3 Jahren zahle ich ununterbrochen auf mein … drauf!"

… ein anderer:

… warum sperren Sie denn dann nicht zu?"

… empört!

… Gott, wovon soll ich dann leben!"

Das Darlehen

… und ein Nichtjude sind im Walde von … worden. Eben schicken sich die Wegelagerer an, die beiden auszuplündern. Da zieht Pinkus schnell seine Brieftasche heraus und sagt zu seinem Leidensgenossen:

„Ja, richtig, ich bin Ihnen noch 500 Schilling schuldig, da haben Sie sie zurück!"

In der Straßenbahn

Levy und Moses unterhalten sich.

„Gestern hat mich der Schaffner in der Straßenbahn angeschaut, wie wenn ich noch nicht bezahlt hätte."

„Und was hast du da gemacht?"

„Ich habe ihn zurückangeschaut, wie wenn ich doch bezahlt gehabt hätte!"

La rubrique « Etwas zum Lachen »

(« Histoire de rire un peu ») dans le Stürmer

Caricature dans le Stürmer

Kurt Gerron au camp de concentration de Theresienstadt, automne 1944.

Les comédies de l'UFA au service de l'idéologie nazie

Goebbels et ses exécutants en avaient décidé ainsi : en lieu et place de farces burlesques de qualité, les salles de cinéma ne projetèrent plus qu'un brouet minimaliste, unique et fascisant, produit par des réalisateurs de comédies affichant un dilettantisme sans pudeur, comme Carl Froelich ou Wolfgang Liebeneiner. Celui qui avait montré sa loyauté en possédant le livret de membre du parti et en faisant état de ses convictions droitières pouvait aller très loin dans le monde de paillettes de l'UFA, même s'il faisait preuve d'un talent médiocre – après tout, il fallait combler les places laissées vides par les artistes juifs expulsés.

Les mesures draconiennes d'épuration politique conduisirent à des situations absurdes ; c'est ainsi qu'en 1934 on projetait encore des films dont les acteurs étaient des comédiens juifs très populaires, contraints depuis longtemps à l'exil par les nazis, et la population sifflait des rengaines de Willy Rosen et Friedrich Hollaender, qui avaient émigré. L'industrie du cinéma, encore majoritairement privée à l'époque, justifia sa politique schizophrène en prétendant qu'on ne pouvait pas jeter des films à la poubelle sous prétexte que des Juifs figuraient dans la distribution. Toutefois, la mise au pas du cinéma allemand fut définitivement achevée en 1935 au plus tard et les films avec des acteurs juifs disparurent des écrans. La Chambre de la culture du Reich veilla à ce que des artistes politiquement peu fiables comme Werner Finck ou Karl Valentin ne soient plus engagés. Le système d'attribution des subventions d'État fut aussi fortement réglementé. Les producteurs mal vus du pouvoir pouvaient se voir couper les fonds, sans que cela provoque d'émoi.

À la fin des années 1930 déjà, l'industrie du cinéma était en grande partie étatisée. Tous les scénarios devaient passer par le bureau du ministre de la Propagande, dont le caractère méfiant était notoire. En pratiquant cette précensure rigoureuse des scénarios, Goebbels pouvait faire en sorte que les projets soient conformes à la ligne du parti dès avant le début du tournage.

Il va de soi que ce système ne pouvait engendrer que des ignominies et des stupidités sans bornes : plus de 90 % des films produits sous le IIIe Reich étaient de petites comédies d'une platitude difficilement égalable, censées faire oublier aux gens la terreur brune quotidienne et, plus tard, la guerre. Le salut hitlérien n'apparut presque jamais dans ces comédies, où nulle part ne flottait un drapeau à croix gammée : la réalité fut systématiquement occultée. L'action se limitait généralement à une histoire d'amour que toutes sortes d'imbroglios compliquaient de manière artificielle et qu'interprétaient, avec beaucoup de pathos, des acteurs aryens. Nous peinons à comprendre aujourd'hui comment les gens ont pu trouver amusant et comique le kitsch simpliste de l'UFA : l'humour décrété d'en haut avait beau être fade et de mauvais goût, il était apprécié du public. Peu de spectateurs remarquèrent sans doute qu'un contenu propagandiste se glissait fréquemment dans ces tableaux de genre prétendument apolitiques.

Une star de la comédie à l'époque nazie : Heinz Rühmann

Même les films les plus insignifiants d'Heinz Rühmann, comme *Quax, der Bruchpilot* (« Pilote malgré lui »), étaient tout sauf dépourvus d'idéologie, comme l'ont démontré des recherches récentes. Tantôt il s'agissait de donner insidieusement aux jeunes hommes le goût du métier d'aviateur – la Luftwaffe avait un besoin urgent de « matériel humain » sur le front de l'Est –, tantôt c'était Goebbels qui voulait inciter les Allemands à faire le plus d'enfants possible : *Hurra, ich bin Papa !* (« La joie d'être père »), tel était le titre d'un navet très populaire avec Rühmann dans le rôle principal. Le ministre de la Propagande disait cyniquement de ce film : « Le Führer a besoin de soldats. » « Pas le meilleur Rühmann, mais ça peut servir pour la guerre. »[62]

Rühmann n'a jamais pris position personnellement sur le contenu idéologique sous-jacent de ses films. Dans son autobiographie insipide *Das war's*, il évacua ce sujet gênant. *Quax, der Bruchpilot* était pour lui simplement « [...] un film selon son cœur de pilote. »[63] Mais l'affirmation fréquemment avancée que Rühmann aurait été un nazi convaincu est assurément fausse : il n'essaya pas de se faire bien voir des dirigeants nazis, mais contrairement à Hans Albers, il ne respecta pas à la lettre le principe d'équidistance. Après la guerre, la commission de dénazification compétente le classa comme suiveur – un jugement qui, indépendamment de son ambiguïté, correspondait à l'attitude politique passive de Rühmann. Le fait qu'il ait continué à tourner dans l'Allemagne nazie malgré toutes les attaques contre sa femme Maria, qui était juive, le fait qu'il ait fermé les yeux, quand son ami Otto Wallburg fut contraint de s'exiler et fut finalement assassiné, tout

62. Cit. d'après Kleinhans, p. 6.
63. Rühmann, p. 149 ; notre trad.

cela était dû à son mélange de pusillanimité, de vision à œillères et de carriérisme plutôt qu'à quelque affinité avec le national-socialisme. De toute façon, comme le biographe de Rühmann, Torsten Körner, l'a très justement constaté, il ne dépendait pas d'un système politique particulier : à l'époque de Weimar, il était déjà une star sympathique, incarnant le « petit homme de la rue » qui se débrouille dans la vie à coups d'expédients[64] ; après les douze années d'hitlérisme, il jouissait toujours d'une grande popularité. Il entretenait des relations ambiguës avec Goebbels et Hitler, dont il était devenu le protégé sans faire quoi que ce soit. Il éprouva certainement une grande frayeur lorsque le ministre de la Propagande exigea brutalement qu'il se sépare de sa femme. L'article haineux du journal SS *Das Schwarze Korps*, qui stigmatisait son mariage avec cette « Juive intégrale », n'a pas dû non plus faire de lui un sympathisant de l'idéologie nazie. Face à ces manœuvres d'intimidation, il choisit le compromis ; il n'osa pas rompre avec le régime quand celui-ci voulut s'immiscer dans sa vie privée. Sur les conseils de Göring, Rühmann se décida à divorcer d'avec Maria Bernheim ; il arrangea alors un mariage blanc entre elle et le comédien suédois Rolf von Nauckhoff, devant la porte duquel il gara une voiture de sport en guise de remerciement pour son aide peu orthodoxe. Maria put émigrer en Suède et y passa les années de guerre saine et sauve. Comme son mariage avec elle était de toute façon ruiné, on ne peut reprocher aucun manquement

64. Remarque de l'auteur : l'UFA l'avait engagé sous contrat fixe bien avant la prise du pouvoir, ce qui ne se produisait pratiquement jamais avec les comiques.

moral à Rühmann ; il resta loyal vis-à-vis d'elle après le divorce, lui versa une pension alimentaire généreuse et alla même jusqu'à l'inviter quand il épousa l'actrice Hertha Feiler. Le fait que la nouvelle femme dans la vie de ce comédien très populaire ait été une « quart-Juive » suscita le courroux de plus d'un bonze du régime nazi. Mais il n'y eut pas de menaces cette fois et les autorités se turent tout en grinçant des dents. Le comportement de Rühmann resta néanmoins plein de bizarreries et d'incohérences : d'un côté, il intervint – en vain – en faveur d'un candidat à la mort et, d'un autre côté, il tourna dans quelques films plus que douteux, comme *Der Gasmann*[65] (« Un petit homme »), de 1939, où il jouait le rôle d'un petit fonctionnaire pris dans l'engrenage de l'État totalitaire nazi. Le message peu enthousiasmant de ce film présenté comme une comédie était : celui qui ne rampe pas est puni. Dans la première partie du film, un étranger offre une forte somme d'argent au brave fonctionnaire Knittel, joué par Heinz Rühmann. Knittel veut dénoncer cet étranger, qui lui paraît louche. Mais il échoue : l'administration compétente en matière d'obtention du certificat d'aryanité n'est pas la bonne adresse. Knittel décide de dépenser l'argent, mais son changement de train de vie soudain fait de lui un suspect. Suivent des interrogatoires très désagréables à la Gestapo, jusqu'à ce qu'un tribunal nazi découvre que cette affaire est une cabale totalement innocente. Au lieu d'être condamné à mort, la peine habituelle en cas de haute trahison, Knittel est acquitté. De notre point de vue actuel, ce film, conçu comme une plaisanterie et un divertissement

65. Voir p. 233.

humoristique, est oppressant. Même les bonzes du parti n'apprécièrent guère la ressemblance inhabituelle avec la vie quotidienne sous le nazisme. *Der Gasmann* ne fut que rarement projeté et l'UFA dut, sur ordre de Rudolf Heß, couper une scène où Rühmann faisait le salut hitlérien d'une manière incroyablement désinvolte. Il existe des preuves indubitables montrant que Rühmann se sentait mal à l'aise dans les œuvres de propagande et tentait de se dérober en cas de mobilisation sur le front de l'opinion publique. Chaque fois qu'il devait participer publiquement à une manifestation de propagande pour l'idéologie nazie, il faisait en sorte que son intervention reste brève. Cependant, malgré tous ses efforts pour ne pas se faire embrigader, il entretint une amitié étroite avec une célébrité nazie comme Ernst Udet, qui partageait avec lui sa passion de l'aviation. En pleine guerre, Rühmann avait l'autorisation d'effectuer des vols en tant que pilote privé – un privilège dont ne bénéficiaient que très peu d'élus. C'est ainsi que la relation du plus célèbre comique du IIIe Reich au national-socialisme resta singulièrement énigmatique ; c'est à lui-même et à lui seul qu'il devait attribuer les reproches dont il fit l'objet après la guerre.

Le cinéma antisémite

Il y eut des comédies cinématographiques bien plus répugnantes que *Der Gasmann* ou *Wunschkonzert* (« Concert à la carte »), le film de divertissement sur la Wehrmacht dans lequel Rühmann ne faisait qu'une apparition de quelques secondes. Le sommet de la médiocrité fut sans aucun doute atteint par la comédie musicale antisémite *Robert und Bertram* (« Robert et

Bertrand »), d'Hans H. Zerlett, d'après la farce musicale du même nom composée par Gustav Raeder. L'intrigue de ce navet, dont le modèle n'avait rien d'anti-juif, raconte les aventures de deux clochards, joués par les comiques Rudi Godden et Kurt Seifert. Les vagabonds Robert et Bertram rencontrent une jeune fille, Lenchen, qui doit épouser contre sa volonté le créancier de son père. Lenchen aime le beau Michel. Afin de sauver la jeune fille, les deux rusés clochards s'introduisent au bal costumé donné par le conseiller commercial Ipelmeyer et volent les bijoux de la famille. Comme Ipelmeyer a de toute façon acquis cet argent malhonnêtement, le vol n'a rien de répréhensible ; le père de Lenchen est libéré de sa dette et Lenchen, comblée de bonheur, peut désormais épouser Michel.

Tout au long de cette piètre intrigue nous est servi l'arsenal habituel des clichés antisémites. Ipelmeyer, dont le nez crochu fait penser à une caricature du *Stürmer*, lorgne sans arrêt les belles danseuses de ballet et leur fait des avances graveleuses. Son serviteur, interprété par Robert Dorsay, y va de ses commentaires stupides, débités dans un charabia pseudo-yiddish. La femme d'Ipelmeyer, obèse, se dandine dans la demeure luxueuse de son mari, dont l'intérieur a été conçu avec un mauvais goût recherché. Apparaissent également divers collègues banquiers, d'aspect tout aussi repoussant.

Hans Zerlett, le réalisateur, se targuait lors d'une interview d'avoir délibérément voulu que les scènes avec Ipelmeyer présentent « [...] une tendance fortement antisémite. Il va de soi que les six rôles de Juifs intervenant dans l'histoire devaient être confiés à des non-Juifs, mais le maquillage est si vrai que personne ne doutera de l'authenticité de mes sémites.[66] » Cette déclaration fut publiée le 17 janvier 1939 dans le *Film-Kurier*, juste après le grand pogrom de novembre. L'historien du cinéma Klaus Kreimeier parle à juste titre de « publicité pour la mort » – on peut difficilement qualifier autrement cette horreur due à Zerlett. *Robert und Bertram* fut produit presque en même temps que le très populaire *Jud Süß* et d'autres films antisémites. Peu de temps après, les wagons à bestiaux de la déportation commencèrent à rouler en direction de l'est : l'entreprise diabolique qu'était la « solution finale » avait débuté. Le lien entre la vague de films antisémites et le génocide ne peut guère être nié.

> *« L'épuisement presque total du genre en 1942 s'explique sans doute par le fait que la machine de mort dans les camps travaillait entre-temps à plein rendement : la propagande avait fait son travail. La direction du parti national-socialiste devait partir du principe que les déportations de masse ne s'étaient en aucune façon effectuées sans attirer l'attention de la population et, d'autre part, les exterminations de masse ne furent probablement que le secret officiel le mieux refoulé – mais la population avait été psychologiquement préparée, notamment à l'aide de quelques grands succès cinématographiques. C'est en tout cas ainsi que les responsables politiques et leurs complices de l'industrie du cinéma voyaient les choses. »*[67]

66. Cf. Kreimeier, p. 2 ; notre trad.
67. Kreimeier, p. 5 ; notre trad.

L'image déformée de la judéité, telle qu'on la trouve au centre d'une intrigue de comédie comme *Robert und Bertram*, n'était pas le fruit d'un antisémitisme de bistrot, mais bien d'une stratégie d'ensemble froidement planifiée. Sous le couvert d'une comédie apparemment inoffensive, le venin de la propagande pouvait agir beaucoup plus efficacement que dans les actualités hebdomadaires. Les spectateurs riaient et n'espéraient trouver aucun contenu politique à ces films. Pourtant, l'humour les rendait réceptifs à cette campagne qui, dans un premier temps, rendit possibles la persécution et l'exclusion des Juifs et, dans un deuxième temps, leur extermination.

V
Humour et guerre

La fin du pseudo-libéralisme et le chemin de la guerre

Après une période de calme trompeur, au cours de laquelle les dirigeants allemands avaient sans cesse proclamé leur volonté de paix, tout s'enchaîna très vite. Pendant la première phase de la politique d'expansion, les victoires que remporta Hitler sans effusion de sang le confortèrent dans ses fantasmes de toute-puissance. Il annexa l'Autriche en ne rencontrant aucune résistance ; des jeunes filles avec des bouquets de fleurs et des citoyens euphoriques de la nouvelle *Ostmark* (Marche orientale) occupaient le bord de la route en poussant des cris de joie. Les nouveaux Allemands, dont la naturalisation solennelle avait eu lieu sur la Heldenplatz, étaient tout disposés à participer à la grande aventure nationale-socialiste. Cependant, la condescendance dont fit preuve la lointaine Berlin vis-à-vis de l'Autriche après l'Anschluß réveilla bientôt de vieux complexes d'infériorité vis-à-vis du grand voisin allemand. Le sommet de l'humiliation fut atteint lorsque les nazis envoyèrent comme Gauleiter à Vienne un alcoolique rhénan du nom de Bürkel. Ce dernier ne comprenait pas la mentalité autrichienne et ne voulait pas essayer de la comprendre ; les Viennois l'affublèrent du sobriquet peu aimable, mais juste, de « *Bierleiter Gaukel* » (Directeur de la bière Gaukel) et persiflèrent en cachette les « *Piefkes* » allemands. Malgré ces manifestations de mauvaise humeur, lors du plébiscite sur le rattachement au Reich allemand, les nazis obtinrent le résultat rêvé de 99 % de oui, typique des régimes totalitaires. Le collectionneur de blagues Danimann raconte qu'après ce plébiscite douteux des graffiti apparurent, qui disaient : « Seuls les veaux les plus bêtes choisissent eux-mêmes leur bourreau. »[68] Il n'empêche : malgré tous les ressentiments contre les *Piefkes*, la large adhésion des Autrichiens à l'Anschluß ne fut aucunement une invention de la propagande nazie. La plupart des Autrichiens acceptèrent que leur patrie – dans la mesure où ils considéraient l'État créé en 1918 comme la leur – soit sacrifiée sur l'autel du sentimentalisme pangermaniste. Pour beaucoup, le dur réveil n'intervint qu'avec la guerre, quand le Reich s'effondra. Des plaisanteries nous ont toutefois été transmises, qui témoignent de la fierté nationale blessée des habitants de l'*Ostmark*, sujet prédominant de l'humour politique dans l'Autriche de cette époque.

Après l'Anschluß, le Gauleiter d'« Oberdonau » (Danube supérieur) inspecte une école à Linz. Les questions du haut personnage et les réponses des écoliers ont été préparées à l'avance : « Qui

68. Danimann, p. 58.

est ton père ? – Adolf Hitler ! – Qui est ta mère ? – La Grande Allemagne ! ». C'est le tour du petit Seppl Ebeseder. « Qui est ton père ? – Adolf Hitler ! – Qui est ta mère ? – La Grande Allemagne ! – Que voudrais-tu devenir ? – Orphelin de père et de mère, Herr Gauleiter ! »

En revanche, les pogroms féroces qui débutèrent immédiatement après l'Anschluß ne furent pas matière à histoires drôles. Dans les rues, des professeurs d'université juifs furent forcés à nettoyer les caniveaux avec une brosse à dents. Cela ne fit pas du tout rire la partie de la population la plus sensible, tandis que la partie la plus abrutie participa activement à la chasse aux Juifs. Ce fut un spectacle horrible, dont les victimes furent précisément les citoyens les plus méritants de la société autrichienne.

L'élite du monde du cabaret autrichien eut aussi à subir les débordements et des vagues d'arrestations. La veille de l'entrée des Allemands, Fritz Grünbaum était encore monté sur la scène du *Simpl*, totalement obscure à la suite d'un court-circuit, en criant spontanément : « Je ne vois rien, absolument rien, je dois m'être égaré dans la politique culturelle nationale-socialiste. » Vingt-quatre heures plus tard, les troupes allemandes se trouvaient sur le sol autrichien et Grünbaum était en fuite. Mais sa tentative de se réfugier en Tchécoslovaquie s'avéra irréalisable car la frontière était fermée. À Vienne, son ancien collègue sur les planches, Farkas, pressa le comique vedette d'entreprendre une nouvelle tentative de fuite, mais Grünbaum refusa l'offre. Le 7 mai 1938, le *Völkische Beobachter* put alors annoncer triomphalement : « Nous avons Grünbaum ! » Le journal proclamait aussi que Grünbaum avait maintenant tout loisir de « vérifier le contenu de ses inepties de blagues » – une manière cynique de faire savoir que le cabarettiste avait été déporté à Dachau. Son collègue, Farkas au nez d'aigle, avait en revanche échappé aux sbires nazis.

Pendant que l'étau se resserrait lentement sur les Juifs, à Berlin, on travaillait d'arrache-pied à d'autres projets, tout aussi diaboliques. Parallèlement aux premières offensives expansionnistes de l'Allemagne nazie, l'économie allemande fut systématiquement préparée à affronter la deuxième phase, sanguinaire elle, du plan Lebensraum (espace vital). Les dirigeants se procurèrent frauduleusement l'argent destiné à la politique massive d'armement, prétextant qu'il serait consacré à des programmes conjoncturels et des œuvres sociales. Les Allemands économisaient pour s'acheter la Volkswagen, mais avec leurs économies, Hitler fabriquait des panzers. Göring fut chargé du plan quadriennal, mais au lieu de stimuler le secteur civil, il fit construire 3 300 avions. L'État n'avait aucune réalisation concrète à offrir au peuple en échange des sacrifices qu'il exigeait de lui. L'humour de l'époque prouve que les gens avaient flairé le poisson : quelque chose ne tournait pas rond dans ces mesures annoncées avec fracas, et chacun s'en doutait.

Avec quoi le peuple allemand doit-il se chauffer dans le cadre du plan quadriennal, si le bois lui aussi doit servir à des choses plus importantes ? C'est très simple : en se servant d'étoffes fabriquées avec les chimères tissées par Hitler, les tissus de mensonges de Goebbels et le fil de patience du peuple allemand.

La patience des Allemands fut en même temps mise à rude épreuve par des appels aux dons permanents. Les fonds provenant des troncs des églises et collectés sous toutes sortes de prétextes très nobles pour le *Winterhilfswerk* (Secours d'hiver) et autres organisations caritatives disparaissaient d'une manière inexplicable. Le peuple plaisantait en disant que le catholicisme et le national-socialisme s'étaient enfin mis d'accord sur une base commune :

Les catholiques disent : « Priez le matin, priez à midi, priez le soir », tandis que les nazis disent : « Payez le matin, payez à midi, payez le soir. »

Le bruit circulait en outre qu'à la place des clignotants, on allait monter des troncs pour le Secours d'hiver sur les Volkswagen : ainsi, la population les éviterait de sa propre initiative.

Malgré sa politique d'armement sans scrupules, que seul permettait de réaliser un vampirisme à l'état pur, Hitler entraîna son pays dans la guerre à un moment où il n'y était pas encore suffisamment préparé : une offensive venue de l'ouest, même conduite avec une puissance de frappe réduite de moitié, aurait alors suffi à provoquer la défaite du Reich nazi. Le déploiement extérieur de sa puissance était donc en totale contradiction avec les rapports de force réels dans l'Europe de l'année 1939. Cependant, la capacité de suggestion d'Hitler ne manqua pas son effet : aucun des acteurs politiques ne se douta que cette démonstration de force était du bluff à l'état pur. Le seul indice de la pression énorme qui pesait sur Hitler et de son incertitude quant à savoir s'il n'avait pas trop présumé de la situation fut sa haine soudainement décuplée pour les « criticailleurs » et les « défaitistes ». Son incapacité à supporter la critique montrait simplement qu'il avait les nerfs fragiles ; elle allait aussi avoir des conséquences pour ceux qui aimaient rire de lui. « Le racontage de blagues politiques est une relique libérale », observa Goebbels, serviteur empressé de son maître, dans le *Völkische Beobachter*. La susceptibilité de son Führer ne lui avait pas échappé.

Aucun des cabarettistes restés en Allemagne ne se doutait à ce moment-là du risque de durcissement du régime. Werner Finck, qui avait été libéré comme par miracle du camp de concentration, se produisait au *Kabarett der Komiker*, une scène berlinoise dirigée par Willy Schaeffers, un homme plutôt fidèle à la ligne du parti. Willy Schaeffers avait accepté d'engager Finck à la seule condition qu'il ne fasse plus d'allusions politiques dans son numéro et celui-ci avait multiplié les promesses apaisantes en donnant son accord. Finck se présenta dorénavant comme fonctionnant « à mi-régime », une périphrase ambiguë pour qualifier une forme atténuée d'humour, faite de sous-entendus à peine perceptibles. Dans un de ses sketches, une femme lui demandait l'heure ; réponse impertinente de Finck : « Je n'ai pas le droit de parler de l'heure. » Le public souriait car tout le monde savait qu'on lui avait mis une muselière. Finck continua toutefois à lancer ses petites piques. Voici une de ses blagues les plus populaires :

Un homme arrive chez le dentiste. Le dentiste : « Ouvrez gentiment la bouche maintenant. » Là-dessus l'homme : « Pourquoi ? Je ne vous connais même pas. »

Les apparatchiks nazis ne tardèrent pas à apprendre que Finck se permettait de plaisanter en public sur le fait qu'on l'avait contraint au silence. À la fin janvier 1939, les contrôleurs culturels, ces indicateurs du ministre de la Propagande, signalèrent à leur centrale que l'État et le parti étaient tournés en dérision au *Kabarett der Komiker*. Finck ne se doutait de rien : il avait bien reçu quelques mises en garde mais, pour le reste, comme il l'écrivit plus tard, le calme régnait sur le front du côté de Goebbels.[69] Ce calme était trompeur car cette fois le ministre de la Propagande voulait être sûr que la balle ne fasse plus ricochet sur son gros rival Göring. Les représailles contre Finck furent préparées au sein même du quartier général : « L'humour politique sera éradiqué, et ce de fond en comble », écrivit Goebbels dans son journal. Comme prélude à cette offensive à grande échelle contre l'humour, Werner Finck et trois autres collègues furent exclus de la Chambre de la culture du Reich et frappés d'une interdiction professionnelle définitive car, comme le précisaient les attendus, ils « ne font pas preuve de la moindre attitude positive vis-à-vis du national-socialisme ». Finck fut véritablement surpris par la dureté soudaine du coup dirigé contre lui. Il avait de bonnes raisons d'être tourmenté à l'idée d'être renvoyé dans un camp de concentration sous un nouveau prétexte. De fait, il fut informé dans le courant de l'année que le ministère de la Propagande avait toujours un compte à régler avec lui et apprit sous le sceau de la discrétion qu'on voulait le faire disparaître pour toujours. Il lui fallait maintenant agir vite et résolument, voilà qui était

69. Cf. Finck, p. 111.

hors de doute. Comme la guerre prenait irrésistiblement son envol, l'exil devenait impossible. Comment donc échapper aux sbires du puissant ministre de la Propagande, dont il avait suscité l'ire impitoyable ? Dans l'urgence, Finck choisit la fuite en avant : il s'engagea comme volontaire de guerre.

Grâce à cette esquive audacieuse, Finck s'était certes soustrait à la sphère d'influence du ministre de la Propagande, mais d'autres dangers le guettaient : outre le risque d'être tué au combat, il fallait aussi éviter de faire des déclarations critiques à l'armée car depuis 1938, de nouvelles règles étaient en vigueur pour les « défaitistes ». Le sinistre *Generalfeldmarschall* Keitel, qui était entièrement à la botte d'Hitler – son sobriquet était « Lakeitel » (Laquais-Keitel) – avait concocté un ouvrage législatif au nom aussi long qu'un ver solitaire : *Kriegssonderstrafrechtsverordnung* (Ordonnance sur le droit pénal d'exception en temps de guerre). Derrière ce monstre terminologique se cachait en réalité la carte blanche donnée aux nazis pour assassiner les opposants. L'article 5 prévoyait désormais la peine de mort pour « *Zersetzung der Wehrkraft* » (atteinte à la capacité de défense) : celui qui dénigrait la guerre ou faisait des déclarations défaitistes et critiques pouvait être fusillé. Mais, à la demande spéciale du Führer, les femmes seraient guillotinées. Il appartenait au seul bon sens de déterminer qui était un « *Volksschädling* » (parasite du peuple) et un « *Zersetzer* » (sapeur de la capacité de défense), ce qui signifie que les autorités pouvaient prendre la décision tout à fait arbitrairement. Cette loi était un nouveau tour de vis, une étape de plus conduisant à la terreur étatique la plus totale.

« Mais Varsovie ne se trouve pas en Allemagne ! » Le commencement de la guerre et les premières années de la guerre mondiale

La susceptibilité de l'homme à la tête de l'État face aux critiques, les lois draconiennes contre les défaitistes, tout cela était aussi dû à ce qu'aucun enthousiasme belliqueux ne se manifestait. Les vétérans de la première guerre mondiale avaient clairement en mémoire les horreurs d'une guerre sur deux fronts. Qu'Hitler soit sur le point de déclencher un nouveau conflit avec l'Angleterre et la France en attaquant la Pologne, voilà qui provoquait un sentiment de malaise chez la plupart des gens. Malgré le tir de barrage de la propagande nazie, il est indéniable que le moral de la population allemande n'était pas au mieux. Heinz Rühmann fut envoyé sur le front de l'opinion publique, afin de lui redonner un peu de courage en chantant *Das kann doch einen Seemann nicht erschüttern* (« Un marin n'a jamais peur »). Cette marche virile, au rythme alerte, fut bientôt fredonnée et sifflotée en cadence à chaque coin de rue. Il est cependant difficile de dire si elle justifia sa réputation de « chanson de réconfort la plus célèbre de la seconde guerre mondiale » ; il est aussi difficile de savoir si elle réussit vraiment à créer une ambiance guerrière. Malgré tous les efforts entrepris, on n'entendit pas de cris de joie, et aucune contrainte n'aurait pu les déclencher : la peur d'un deuxième Verdun était encore trop ancrée chez les Allemands. Les dirigeants décidèrent plutôt de serrer la bride et de faire taire les voix critiques en recourant, s'il le fallait, aux assassinats judiciaires. Toutefois, la population, inquiète devant la tournure précipitée des événements, refusa de rester totalement muette. Ce n'était pas seulement l'intuition ou, de plus en plus, la certitude de la proximité de la guerre qui préoccupait les gens, mais aussi les manœuvres de politique étrangère d'Hitler : peu avant le commencement de la guerre, celles-ci provoquèrent des haussements d'épaules, la confusion et le départ du parti de militants en colère. Pendant des années, la direction du parti national-socialiste avait recherché les faveurs de l'Angleterre afin d'avoir le champ libre dans sa conquête de l'espace vital à l'Est. Mis à part un timide accord naval, ces tentatives d'approche n'avaient jamais abouti à quoi que ce soit. Par frustration d'une part (à la suite du refus essuyé auprès de ces Anglais récalcitrants), et pour des considérations tactiques irréfléchies d'autre part, Hitler décida justement de conclure un pacte avec son ennemi idéologique juré. Pendant des dizaines d'années, il avait vitupéré contre le prétendu péril bolchevique et voilà soudain qu'il jetait tous ses principes par-dessus bord, son seul but étant de ne pas être piégé dans une guerre sur deux fronts le jour où il attaquerait la Pologne. Le pacte avec l'Union soviétique, qu'Hitler déciderait plus tard de rompre, renforça les puissances occidentales dans leur volonté d'opposer une riposte totale à la prochaine agression militaire venant de l'Allemagne. Ce fut un signal désastreux, qui permit à court terme d'éviter une guerre sur tous les fronts, mais déboucha à long terme sur une catastrophe militaire. Mis à part les conséquences stratégiques de son pacte avec le diable, Hitler fut bien en panne d'explications. C'est en tout cas ce que comprit le peuple, qui glosa avec effronterie sur la crise de crédibilité provoquée par le Führer en personne :

Lors de la conclusion du pacte germano-soviétique, Hitler offrit à Molotov une édition de luxe de Mein

Kampf, signée de sa propre main et illustrée à l'eau-forte, pour faire disparaître les passages antirusses.

Une plaisanterie du même type prétendait que Staline écrivait ses mémoires. Leur titre ? *Ton combat, ma victoire* (l'Union soviétique devait se voir attribuer une partie de la Pologne dans le cadre du pacte Hitler-Staline). La propagande officielle ne se laissa pas impressionner par de telles impertinences et continua inlassablement à faire passer l'alliance funeste pour un coup de génie. La peau de l'ours polonais était déjà partagée entre l'Allemagne et l'Union soviétique avant qu'il ne soit tué. Une chose était cependant claire : ces volte-face périlleuses seraient inévitablement suivies d'actes, conséquence de la dynamique fatale qui s'était emparée des événements. Une blague circulant peu avant le début des hostilités anticipait déjà la suite :

Au mois de juillet 1939, trois Suisses discutent de leurs projets de vacances. Ils veulent découvrir l'Allemagne. Le premier veut aller à Munich, le deuxième à Berlin. Le troisième dit : « Je vais à Varsovie ! » « Mais Varsovie ne se trouve pas en Allemagne ! », répliquent les deux autres. Là-dessus le troisième : « Oui, mais je ne prends mes congés qu'en octobre ! »

Ralph Wiener, qui a recueilli cette blague, fait remarquer à juste titre que, dans cette boutade, on prend les rêves nazis pour la réalité. Celui qui l'a fait circuler, quelle que fût son identité, était totalement convaincu de la légitimité de la guerre d'agression[70] : c'était là une

70. Cf. Wiener, p. 105.

manifestation de mégalomanie – un sentiment bien ancré au sein de la communauté populaire nazie. Le scepticisme très répandu que suscitait la propagande belliciste d'Hitler n'émanait pas de considérations morales chez de nombreux *Volksgenossen*, mais bien de la crainte de voir se répéter le traumatisme de 1918. Il est typique que ce souci ait pratiquement disparu après la campagne contre la France : les Allemands se grisaient désormais de leur triomphe sanguinaire. La joie causée par l'offensive surprise n'allait toutefois pas durer ; en agressant la Pologne, le Reich nazi s'était définitivement isolé du reste de la communauté internationale. L'Allemagne ne pouvait compter que sur elle-même dans son combat contre le reste du monde ; son principal allié en Europe était l'Italie, une puissance insignifiante sur le plan militaire.

Même l'alliance avec l'Italie, la deuxième dictature sur le sol européen, ne fut que difficilement mis sur pied. À l'origine, Mussolini était extrêmement sceptique vis-à-vis des ambitions d'Hitler : il considérait surtout comme irréalisable son plan de faire des Allemands un cheptel « racialement pur ». La première approche eut lieu pendant la guerre d'Abyssinie, une aventure coloniale tardive, violente et désespérément anachronique de l'Italie, où Hitler soutint le « Duce » en lui livrant des matières premières. Les tentatives de rapprochement des deux dictateurs ne passèrent pas inaperçues : la population plaisanta en disant que Göring avait aussi été envoyé en Abyssinie. et aurait peu après câblé à Berlin : « negus enfui – stop – uniforme va – stop – hermann. »

Mussolini remercia Hitler de son soutien en acceptant sans rechigner l'Anschluß de l'Autriche. En 1939, peu avant le déclenchement de la guerre mondiale, les relations entre les deux États étaient si étroites que l'Italie donna son accord à un « pacte d'acier » par lequel le pays se liait militairement et sans restriction à l'Allemagne. Mussolini s'engagea de façon irréfléchie à venir en tout temps en aide à son grand partenaire, qu'il s'agisse d'opérations militaires de nature purement défensive ou d'une guerre d'agression. Le dictateur italien venait de sceller son propre destin. Il s'est probablement douté par la suite de la légèreté dont il avait fait preuve en s'acoquinant avec un partenaire aussi belliciste qu'Hitler. Quoi qu'il en soit et contrairement à l'engagement pris avec une résolution toute martiale, l'Italie ne participa pas à la campagne de Pologne : Mussolini ne s'engagea sur le sentier de la guerre que quand il fut certain qu'Hitler sortirait vainqueur de la campagne contre la France, son ennemie de toujours. Une semaine avant la capitulation définitive de la République, le « Duce » fit marcher ses troupes. Alors que les unités de panzers allemands fonçaient sur Paris, les Italiens restèrent coincés dans les faubourgs de la ville frontière de Menton. Mussolini, qui s'était assuré une portion du grand gâteau français, reçut aussitôt le sobriquet de *Reichserntehelfer* (vendangeur saisonnier du Reich). Dorénavant, les Italiens passèrent aux yeux des Allemands pour des partenaires non fiables et opportunistes. On attribua au Duce, en la paraphrasant, cette parole de César : « Je suis venu quand j'ai vu qu'il vainquait. » En réalité, l'Italie resta l'alliée fidèle de l'Allemagne, l'accompagnant sur le chemin du précipice. Afin de réparer sa faute, Mussolini suivit Hitler dans toutes ses entreprises, mêmes les plus meurtrières. Il n'était cependant mû ni par sa mauvaise conscience ni par le souci de sa réputation, mais par une cupidité sans limites : Mussolini voulait absolument obtenir une partie de l'Europe fasciste telle qu'il la voyait dans ses fantasmes. En 1940, ses troupes envahirent la Grèce et durent être sauvées de la défaite par des unités allemandes dépêchées en vitesse quand elles rencontrèrent des difficultés. Les préjugés qui circulaient en Allemagne sur la mentalité méridionale semblèrent doublement se confirmer ; un nouveau sujet, presque inépuisable, de blagues politiques était trouvé :

> *Le Haut commandement de la Wehrmacht reçoit l'information selon laquelle l'Italie est entrée en guerre sur l'ordre de Mussolini. « Nous devrons lui opposer dix divisions ! – Non, c'est notre allié. – Quel malheur ! Ça nous coûtera au moins 20 divisions ! »*

Ce n'était pas sans raison que l'Italie passait pour un partenaire peu fiable. Le motif n'avait toutefois rien à voir avec le mode de vie méridional ; abstraction faite de la capacité militaire insuffisante de l'armée italienne, les partenaires de l'Allemagne au sein de l'Axe étaient entrés en guerre contre leur volonté : à part Mussolini, personne ne semblait vraiment motivé – ni le roi ni l'armée ni l'industrie ne s'étaient prononcés en faveur de l'aventure guerrière. Une blague allemande obscène, mais très juste, voulait faire croire que Mussolini avait décidé de supprimer les toilettes dans les trains des chemins de fer nationaux – « *parce que les Italiens chient sur l'Axe !* » L'armée italienne lançait donc ses attaques avec ce même manque d'enthousiasme. La guerre en marche arrière : selon les soldats allemands, c'était la seule tactique que connaissaient les petits alliés du Sud. Le comique troupier suivant déplore que les Allemands aient dû chaque fois se précipiter au secours des Italiens :

> *Retraite : c'est le nom de la nouvelle danse italienne. En voici les règles : un pas en avant, deux pas en arrière, pivotez une fois autour de l'axe, placez-vous ensuite derrière votre partenaire et puis recommencez.*

La chance ne fut cependant pas toujours du côté des Allemands, même pendant la phase victorieuse du début : il n'y avait donc aucune raison de montrer du doigt un allié nettement plus faible. Les opérations dirigées contre l'Angleterre notamment ne furent pas couronnées du succès escompté : la grande bataille aérienne pour les îles Britanniques, qui devait assurer à l'Allemagne la suprématie des airs, se termina par un fiasco. La stratégie de Göring, qui commandait la Luftwaffe, ne donna rien et en général, les bombardements des villes anglaises semblèrent encore renforcer la résistance des Britanniques, au lieu de l'affaiblir. Depuis 1940, le pays était en outre dirigé par Winston Churchill, un homme autrement plus résolu que son prédécesseur Chamberlain : l'homme qui ne promettait que « du sang, de la sueur et des larmes » devint la voix de ce qui restait d'opposants à Hitler en Europe. Les Britanniques, dont la confiance nouvellement retrouvée augmentait en même temps que le moral au combat, s'appliquèrent à transformer leur île en forteresse. L'opération *Seelöwe* (« Lion de mer »), comme devait s'intituler le débarquement de troupes allemandes dans les îles Britanniques, fut reportée à plusieurs reprises sur l'ordre d'Hitler et le fut ensuite indéfiniment. Les Allemands remarquèrent bientôt que l'étalage de muscles de leur gouvernement en direction de l'Angleterre n'était pas, cette fois, suivi d'actes.

> *Après la défaite de la France, Hitler se trouve sur le rivage de la Manche et regarde en direction de l'Angleterre, désespéré que l'invasion s'avère une entreprise si difficile. Moïse apparaît soudain à côté de lui et dit : « Eh oui, si tu n'avais pas persécuté mes Juifs, je pourrais t'indiquer le truc de la mer Rouge. » Avant qu'il n'ait le temps de dire ouf, les gardes du corps d'Hitler lui mettent le grappin dessus et le forcent à parler sous la torture : « Il m'a suffi de tenir le bâton donné par Dieu horizontalement au-dessus de l'eau ; celle-ci s'est écartée et la mer était sèche ! » Hitler, en criant : « Où est le bâton ? Donne-moi le bâton ! » Mais Moïse hausse les épaules : « Il est conservé au British Museum ! »*

Bien qu'Hitler ait trouvé un véritable adversaire en la personne de Churchill, les Allemands ne s'inquiétèrent pas. Au contraire : l'expansion du Reich avait lieu à un rythme tellement frénétique que même les sceptiques les plus endurcis se laissèrent contaminer par l'enthousiasme belliqueux naissant. Seule une petite minorité était inquiète de voir l'Allemagne s'engager davantage dans des guerres d'agression ignobles et de savoir que des escadrons de la mort allemands sévissaient dans les territoires conquis. C'est pourquoi la première tentative d'attentat sérieuse contre Hitler fut l'acte d'un isolé. Le Munichois Georg Elser, un pacifiste qui avait percé avec une lucidité peu commune les projets mégalomanes d'Hitler, fabriqua une bombe hautement efficace en se servant de dynamite volée. Cependant, quand l'engin explosa au milieu d'une grande manifestation à la Bürgerbräukeller, Hitler, l'orateur principal de la soirée, avait déjà quitté Munich. Assez curieusement, nombreux furent ceux qui crurent que cet attentat raté était une mise en scène des nazis – c'est en tout cas ce que laisse entendre Kurt Sellin, l'éditeur de la première anthologie de blagues chuchotées. On peut lire chez lui la blague suivante :

> *L'attentat contre Hitler à la Bürgerbräukeller a fait 10 morts et 50 blessés, tandis que 60 millions ont, eux, été faits.*

Le sentiment qu'avaient les gens d'être « faits » peut surprendre, quand on sait que plusieurs hauts dignitaires nazis périrent dans l'attentat. D'un autre côté, Hitler était capable de tout, même de faire assassiner ses propres gens : le soupçon n'était donc pas si absurde. L'épisode de Röhm était encore très présent dans les esprits des Allemands et l'incendie du Reichstag avait d'ailleurs été considéré comme mis en scène par les nazis. Cette fois-ci, il est cependant prouvé que les gens avaient tort : le responsable de l'attentat n'était personne d'autre que Georg Elser, l'horloger dont nous avons déjà parlé, qui fut arrêté peu de temps après l'explosion. Seule la décision spontanée d'Hitler de quitter la manifestation plus tôt que prévu fit échouer la tentative.

L'auteur solitaire de l'attentat de 1939 mourut misérablement dans un camp de concentration ; il avait mieux compris que la plupart de ses contemporains sur quelle voie funeste allait s'engager Hitler. Le climat d'ivresse débordante des premières années de la guerre fit en sorte qu'il n'y eut pas d'autres tentatives de mettre fin à la dictature nazie par la violence. Les gens n'eurent de sombres pressentiments que quand Hitler attaqua l'Union soviétique en 1941. Même Rudolf Heß, l'adjoint du Führer, voulut, pour des motifs confus, éviter cette guerre sur les deux fronts. Peu avant le déclenchement de cette folie que fut l'« opération Barberousse », il tenta de son propre chef de négocier une paix séparée avec les Anglais. Le vol de Heß vers l'Angleterre le 10 mai 1941, qui eut pour seul résultat son arrestation immédiate, devint légendaire : c'était l'acte d'un homme égaré ayant perdu au fil des ans tout sens des réalités. Quand Hitler fut informé de l'initiative de son adjoint, il déclara que cet original excentrique était fou. En interne, il donna l'ordre de le fusiller immédiatement au cas où il reviendrait en Allemagne.[71] La population accueillit à sa façon l'histoire de ce fou de Rudolf Heß ; on raconta que Churchill l'avait salué en ces mots : « Alors, c'est vous le fou ? », ce à quoi l'Allemand aurait répondu en toute modestie : « Non, je ne suis que son adjoint ! » En réalité, Heß ne rencontra jamais le Premier ministre britannique. D'autres plaisantins paraphrasèrent le chant de Noël *Es ist ein Ros' entsprungen* (« Une rose est éclose ») en en faisant :

> *Un Heß a débarqué d'un chasseur aérien. Il s'était envolé : il ne faisait plus rien.*

---

71. Cf. Shirer, p. 296-297.

D'autres blagues spontanées témoignent du souhait de ne plus être impliqué dans l'aventure nazie. Tout le monde connaissait la prière : « Mon Dieu, rends-moi fou, que je réussisse à fuir en Écosse. » La plaie que constituait l'impossibilité de conquérir l'Angleterre était l'autre cible de l'humour : Heß était le seul – compliment ambigu – à avoir envahi l'île !

Un fou en ces temps de folie collective, un malade mental qui était le seul à voir clair : la liste des blagues sur Heß était presque sans fin. Jusqu'alors, cet adjoint d'Hitler plutôt falot n'avait guère fait parler de lui et, tout à coup, il se retrouvait sous les feux des projecteurs. Faute d'obtenir ce traité de paix tant espéré, il fut à l'origine de la meilleure collection d'histoires drôles de toute la guerre. Cette blague sur les camps de concentration, imaginée par des auteurs inconnus, était particulièrement macabre :

> *Deux vieilles connaissances se rencontrent dans un camp de concentration. « Pourquoi es-tu donc ici ? – « Le 5 mai, j'ai dit que Heß était fou. Et toi ? » – « Le 15 mai, j'ai dit que Heß n'était pas fou. »* [Heß s'était envolé vers l'Angleterre le 10 mai.]

En 1941, l'arbitraire de l'État était donc toujours un sujet sensible, mais, que ce fût par peur, par indifférence ou par conviction nationale-socialiste, personne ne protestait contre l'État SS, qui s'étendait comme une pieuvre. La tendance était à l'orage et le Reich aurait bientôt dépassé son zénith. En attaquant son ennemi juré à l'Est, devenu entre-temps son allié, l'Allemagne avait présumé de ses forces : Hitler allait se casser les dents sur l'Union soviétique, dont le territoire était trop immense et les ressources militaires trop importantes. La campagne débuta à nouveau par une progression irrésistible, qui se ralentit toutefois au cours des mois, pour cesser enfin totalement. La période qui suivit fut la plus sombre du IIIe Reich, une phase où celui-ci lutta avec acharnement et vit sa politique tant extérieure qu'intérieure se radicaliser d'une façon restée sans égale.

Humour et guerre de propagande

Longtemps avant le début de la « solution finale », la nouvelle était parvenue à l'étranger selon laquelle les Juifs faisaient l'objet de discrimination et étaient impitoyablement persécutés en Allemagne. Les films d'avant-guerre ne parlaient toutefois pas des pogroms : les partisans de la politique d'apaisement trouvaient la situation trop délicate pour dénoncer publiquement l'Allemagne. Tout resta donc calme sur le front de la propagande jusqu'à la fin des années trente, cette même Allemagne exceptée. Le plus grand faiseur d'opinion du monde, l'industrie du cinéma à Hollywood, n'avait de toute façon pas intérêt à produire des films antinazis trop virulents, mais la raison en tenait moins aux convictions politiques des producteurs qu'à des considérations économiques bien concrètes : même si personne n'osait l'avouer ouvertement, le cinéma américain dépendait du marché européen. Or, dans le climat de terreur et d'angoisse précédant la guerre, personne en Europe ne désirait voir des « films à problèmes » : les gens voulaient de la distraction et Hollywood leur proposait précisément de l'évasion sur mesure, du divertissement léger en tout genre. Les Américains eux-mêmes gardaient soigneusement leurs distances par rapport à l'*Old Europe* agitée, en train de s'entre-déchirer. Sous le soleil californien, le vieux monde, ses soucis et ses misères semblaient bien éloignés. En 1936, à peine 5 % de la population américaine pouvait s'imaginer une guerre contre l'Allemagne. Au lieu de stigmatiser le militaro-impérialisme et la folie raciale des Allemands, Hollywood faisait faire le pas de danse à ses acteurs. Ce n'est qu'au début de la seconde guerre mondiale que les studios commencèrent à tourner de grands films destinés à mobiliser le public contre le IIIe Reich. Et, de nouveau, les intérêts économiques jouèrent un rôle non négligeable car, depuis l'invasion de la Pologne, le marché européen avait perdu énormément de son importance : de nombreux films ne pouvaient même plus se vendre sur le vieux continent en guerre. De l'autre côté de l'Atlantique, en revanche, le patriotisme était à l'honneur et le sentiment qu'une entrée en guerre des États-Unis n'était plus tout à fait exclue s'empara de tous les chefs de studios, du premier au dernier.[72]

La genèse du *Dictateur* de Chaplin[73]

Bien avant ses collègues du cinéma américain, un homme avait compris l'urgence de la menace allemande. Charlie Chaplin, qui avait acquis une renommée mondiale grâce à ses rôles d'acteur comique, était déjà parti sur le sentier de la guerre pendant le premier conflit mondial : il s'était dressé contre le militarisme de l'empire

72. Cf. Fyne, p. 18.
73. Voir p. 234.

allemand en tournant *Shoulder Arms* (« Charlot soldat »). Personne ne savait manier l'arme de l'humour avec une telle perfection. Il était l'homme prédestiné pour opposer une réponse cinématographique à l'imagerie ampoulée des nazis, d'autant plus qu'il présentait des analogies frappantes avec Hitler : mis à part leur ressemblance physique due à la moustache timbre-poste, tous les deux avaient, à quelques jours près, le même âge. Pourtant, l'idée, tellement évidente en apparence, de se glisser dans la peau du dictateur psychopathe ne vint curieusement pas de Chaplin, mais bien du réalisateur et producteur Alexander Korda. Voici comment Chaplin décrivit sa réaction à la proposition de Korda :

> *Et voilà maintenant qu'une autre grande guerre se préparait, et j'étais en train d'essayer d'écrire un scénario pour Paulette* [Goddard] ; *mais je n'arrivais pas à avancer. Comment pouvais-je me jeter dans les caprices féminins, avoir l'esprit au romanesque ou aux problèmes de l'amour quand la folie s'agitait sous l'impulsion d'un horrible grotesque, Adolf Hitler ?*
>
> *En 1937, Alexander Korda m'avait conseillé de faire un film sur Hitler partant d'une erreur d'identité, puisque Hitler avait la même moustache que Charlot : je pourrais jouer les deux rôles, disait-il. Je n'y pensai guère sur le moment, mais maintenant, c'était un sujet d'actualité, et je cherchais désespérément une nouvelle idée de film. L'inspiration brusquement me vint. Bien sûr ! Dans le rôle d'Hitler, je pourrais haranguer les foules dans un jargon de mon invention et parler à ma guise. Et dans le rôle de Charlot, je pourrais demeurer plus ou*

> *moins silencieux. Un scénario sur Hitler se prêtait au burlesque et à la pantomime. Je revins donc en hâte et plein d'enthousiasme à Hollywood, et je me mis à écrire un script. Cela me prit deux ans.*[74]

Les attaques constantes dont il faisait l'objet dans les revues de propagande allemandes confortèrent aussi Chaplin dans son ambition : un jour, il était traité de « poussah juif », un autre jour, la presse de Goebbels qualifiait ses films de « répugnants ». Chaplin brûlait désormais de rendre aux nazis la monnaie de leur pièce et le jour où l'Angleterre déclara la guerre au Reich allemand, le scénario définitif de *The Great Dictator* était prêt.

Peu après commença le tournage de ce projet dans lequel Chaplin avait déjà investi 500 000 dollars lors de sa phase préliminaire. L'intrigue était simple, mais ingénieuse. Chaplin jouait un double rôle. Celui d'un coiffeur juif d'abord, qui perd la mémoire pendant la première guerre mondiale. Quand, bien des années après, les médecins le laissent sortir, la « Tomanie » (l'Allemagne) a changé, mais le coiffeur n'est au courant ni de la prise du pouvoir par les nazis ni des pogroms, ce qui donne lieu à des tas de situations burlesques. Parallèlement aux événements dans le ghetto juif, l'action du film se déplace vers le palais gouvernemental du dictateur mégalomane Hynkel, également incarné par Chaplin. Hynkel s'adresse aux masses dans un charabia pseudo-allemand, mène ses sbires Herring (Göring) et Garbitsch (Goebbels) à la baguette et se livre à une étrange compétition avec le « Duce » italien Napaloni. Comme le coiffeur juif est le portrait craché du dictateur, le film finit en comédie

74. Chaplin, p. 388.

de quiproquo : le coiffeur se glisse dans le rôle d'Hynkel, bannit le tyran dans un camp de concentration et fait un grand discours pacifiste, dans lequel il oppose un refus catégorique à la politique misanthrope et raciste de son sosie. Une scène de la première mouture du scénario, où la femme juive du dictateur Hynkel subissait une intervention esthétique afin de devenir une mädel allemande, fut toutefois refusée, parce que trop dure.

Chaplin se lança dans le tournage avec un engagement total. Il avait visionné durant plusieurs semaines du matériel filmique provenant des actualités hebdomadaires allemandes, et dont il absorbait les moindres détails comme une éponge. Afin d'incarner son double rôle de façon plus crédible, il tourna les scènes avec Hynkel et celles avec le coiffeur à des moments différents. Il commença par les scènes du ghetto, puis, à partir de décembre 1939, celles du palais du dictateur. En mars 1940, il put enfin annoncer aux patrons des studios que le film était en boîte. Une tempête s'était toutefois levée entre-temps : pendant les travaux de tournage, des signaux inquiétants étaient déjà parvenus en provenance du Département d'État. Les Anglais demandèrent également si une satire contre Hitler était bien opportune : Hitler en pantin, voilà qui était incompatible avec l'orientation politique du moment. La question se posa tout à coup de savoir si le film passerait l'obstacle redoutable de la censure : Chaplin avait de bonnes raisons de se faire du souci. Mais un tournant dramatique se produisit soudain, qui redistribua complètement les cartes :

> *Je n'avais pas terminé* Le Dictateur *que l'Angleterre déclara la guerre aux nazis. J'étais à Catalina sur*

mon yacht pour le week-end, et j'entendis la triste nouvelle à la radio. Au début, ce fut l'inaction sur tous les fronts. « Les Allemands ne franchiront jamais la ligne Maginot », disions-nous. Puis brusquement l'holocauste commença : la percée à travers la Belgique, l'effondrement de la ligne Maginot. L'horrible tragédie de Dunkerque… et la France se trouva occupée. Les nouvelles étaient de plus en plus mauvaises. L'Angleterre se battait le dos au mur. […] *Notre bureau de New York m'envoyait maintenant un câble après l'autre : « Finissez vite votre film, tout le monde l'attend. »*[75]

Le gouvernement allemand, pris de panique, déclencha alors un tir de barrage diplomatique, dans l'espoir d'arrêter le projet de Chaplin à la dernière minute. Mais malgré les nombreux sympathisants que comptait l'Allemagne en Amérique, les nazis ne réussirent pas à empêcher la distribution internationale du film. Les ennuis de Chaplin étaient toutefois loin d'être terminés ; des lettres de menace lui parvinrent avant la première du film : elles annonçaient que des bombes puantes seraient lancées pendant les représentations ou que des coups de feu seraient même tirés sur l'écran. Encore une fois, Chaplin ne se laissa pas intimider. Le film fut un grand succès et rapporta plus que tous ses autres films. Seule la presse réagit de façon très mitigée ; les rubriques culturelles de plusieurs journaux reprochèrent au grand réalisateur comique de pactiser avec les communistes. Le discours sentimental du coiffeur juif à la fin du film, en particulier, déplut à beaucoup

75. Chaplin, p. 389-390.

de critiques ; le pacifisme naïf de ce plaidoyer final incita en effet Chaplin, après la guerre, à prendre prudemment ses distances par rapport à son œuvre. S'il avait connu l'existence d'Auschwitz, il n'aurait jamais tourné *Le Dictateur*, affirma-t-il.

La querelle autour de *Jeux dangereux* d'Ernst Lubitsch[76]

Le réalisateur de la deuxième comédie satirique antinazie des années de guerre ne fut pas, lui, couronné de lauriers. Au contraire, *To Be or Not to Be* (« Jeux dangereux »), qui passe à juste titre pour un grand classique aujourd'hui, a valu de sérieuses difficultés à Ernst Lubitsch. La cause de cette infortune, celle aussi bien de l'impopularité du film auprès du public et que des critiques désastreuses, réside dans le calendrier du projet. *Le Dictateur* de Chaplin était sorti en 1940, longtemps avant que les Américains n'entrent en guerre ; on pouvait encore aborder les événements tragiques d'Europe de manière amusante aux États-Unis, tant le conflit semblait éloigné. Un an plus tard, quand Lubitsch commença le tournage de son chef-d'œuvre, la situation avait complètement changé : les forces armées US combattaient l'Allemagne nazie sous la bannière étoilée et les gens n'étaient plus d'humeur à plaisanter, sachant que beaucoup de sang allait couler pour libérer l'Europe de la terreur brune. Rien ne paraissait plus inopportun que de sortir un film comique sur les nazis.

---

76. Voir p. 234.

Comique, *Jeux dangereux* l'était effectivement, même si les chroniqueurs culturels américains des années de guerre ne voulurent pas se l'avouer. L'intrigue de ce film politiquement incorrect était compliquée et absolument géniale : un jeune lieutenant d'aviation polonais, Stanislav Sobinski (Robert Stack), est amoureux de l'actrice de théâtre Maria Tura (Carole Lombard). Chaque fois que le mari de cette dernière joue le célèbre monologue de Hamlet « Être ou ne pas être », Sobinski, assis parmi le public dans la seule attente de ce message codé, quitte la salle pour retrouver la belle comédienne dans les coulisses. Cependant, au moment fatidique où les deux amoureux sont surpris, la seconde guerre mondiale éclate ; Sobinski quitte sa maîtresse et part au front, jusqu'à ce qu'il devienne clair que la Pologne ne peut lutter contre son adversaire allemand, trop puissant. Il rejoint alors Londres, d'où il entreprend de périlleuses missions aériennes avec d'autres pilotes polonais réfugiés comme lui. Mais un espion allemand de la Gestapo, nommé Siletzki, s'est glissé dans les rangs de l'escadrille de Polonais libres sous les traits d'un faux professeur et se sert d'une simple ruse pour obtenir la liste complète des adresses de la Résistance polonaise. Malheureusement, le nom de Maria y figure aussi car Sobinski a auparavant demandé au professeur Siletzki de transmettre à sa bien-aimée le salut d'amour « *To Be or not to Be* » – un message que l'espion considère comme un code secret. Au dernier moment, le bel aviateur découvre la véritable identité de Siletzki, mais celui-ci est déjà en route pour Varsovie afin de remettre la liste au tristement célèbre SS Ehrhardt. Sobinski veut empêcher la catastrophe en se faisant parachuter illico sur Varsovie occupée par les

Allemands. Il y contacte alors Maria Tura. La troupe de théâtre est dans tous ses états à l'annonce de la mauvaise nouvelle et reste désemparée. Comment diable pourront-ils empêcher que Siletzki transmette la liste avec le nom de Maria au gouverneur SS ? Sobinski et les Tura imaginent dans l'urgence un plan audacieux. Le théâtre est transformé à toute vitesse en faux quartier-général nazi. À son arrivée à Varsovie, le professeur Siletzki sera attiré dans un guet-apens. Les comédiens se déguisent en nazis et Joseph Tura endosse le rôle du Gruppenführer SS Ehrhardt. La ruse réussit effectivement, mais pendant la conversation entre Tura, déguisé en officier SS, et le traître Siletzki, il apparaît qu'une copie de la liste avec les noms des résistants polonais est restée à l'hôtel où réside ce dernier. S'ensuit une série de folles péripéties, pendant lesquelles Tura doit notamment se faire passer pour l'agent de la Gestapo qu'est Siletzki. Au moment où la situation se gâte à Varsovie, les Tura déguisent un comédien en Hitler et s'enfuient de Pologne avec toute la troupe dans l'avion privé du Führer…

Lubitsch réalisa le film aisément ; il parvint sans aucune difficulté à réaliser les volte-face les plus hardies. On lisait sur le visage des comédiens, à commencer par Jack Benny dans le rôle du très infatué Joseph Tura, que cette intrigue effrénée leur plaisait. Pourtant, l'accueil catastrophique réservé au film fut prévisible dès les projections tests au printemps 1942 : un public pourtant trié sur le volet réagit aux boutades les plus subtiles avec un silence glacial. Dans un passage intervenait la réplique suivante : « Ce qu'il [Tura] a fait à Shakespeare, nous le faisons maintenant à la Pologne… » Plus d'un spectateur à l'âme sensible sortit de ses gonds en entendant ce gag offensant et, de fait, la phrase a en effet été citée de nombreuses fois par les critiques comme exemple type montrant à quel point ce film était de mauvais goût. Lors des projections, les spectateurs quittaient la salle par dizaines. Lubitsch souleva une vague d'indignation ; on lui reprocha de se moquer de la souffrance des Polonais. La critique ci-dessous résume bien les réactions, qui oscillaient entre l'incompréhension et le rejet radical :

> *Pour être honnête, l'auteur de cette rubrique se sent incapable de déceler, ne fût-ce que dans ses grands traits, le moindre humour – ou la moindre satire – dans une telle juxtaposition de réalité et de fiction. Où se trouve le point de contact entre une intrigue totalement artificielle et l'angoisse d'une nation, une des grandes tragédies de notre époque ? Qu'y a-t-il de comique dans la remarque faite par un colonel allemand au sujet du jeu d'acteur de Monsieur Benny : « Ce qu'il a fait à Shakespeare, nous le faisons maintenant à la Pologne » ? Même si nous faisions abstraction de l'horreur que cela implique actuellement, le massacre de tout un peuple pourrait difficilement être sujet à plaisanterie. Et pourtant, ce film véhicule de bout en bout une impression de manque d'empathie. On a presque le sentiment que Monsieur Lubitsch voulait « faire rire à tout prix ». Cela nous ramène à la question de départ : quel concept peut-on trouver à la base d'un film centré de façon choquante sur la sombre tragédie humaine en cours ? Pourquoi un producteur d'Hollywood devrait-il essayer de donner une signification à un récit purement fictif, en prétendant que ce dernier se rapporte aux événements bien réels, eux, d'aujourd'hui ? Pourquoi, s'il veut faire*

un film à partir d'une histoire aussi incroyable, ne le situerait-il pas dans le domaine de l'illusion absolue ? À en juger par ce que nous avons vu, la réponse qui s'impose au bon sens est que certaines personnes à Hollywood voient toujours le monde à travers la fiction. Elles sont tellement habituées à reproduire des illusions et des intrigues types – pas la vie – que les drames de l'actualité ne sont désormais plus que du grain pour leur moulin à moudre les images. La Pologne, la France, l'Angleterre et bientôt Wake Island ne sont que le théâtre de leurs vieilles histoires ressassées. Les civilisations peuvent s'effondrer ; le héros et l'héroïne, eux, s'en sortent indemnes.[77]

Le *Philadelphia Inquirer* formula les choses encore plus crûment. Sa critique caustique laissait en outre un arrière-goût amer d'antisémitisme : Lubitsch aurait été un réalisateur juif blasé, si l'on en croit la journaliste.[78] Aujourd'hui encore, dans la conscience populaire des Américains, *To Be or not to Be* souffre de la tare d'avoir franchi les limites du mauvais goût. Les critiques cinématographiques actuels ont beau émettre un jugement plus clément sur l'audacieuse comédie de Lubitsch, ils ne manquent presque jamais de lui reprocher sur un ton moralisateur que certaines scènes étaient déplacées au vu du génocide à l'Est.[79]

---

77. Mills, p. 186 ; notre trad.
78. Cf. Spaich, p. 358.
79. Cf. Fyne, p. 75 : cet ouvrage datant de 1994 considère la séquence finale de *To Be or not to Be* comme étant « de mauvais goût ».

Lubitsch lui-même fut horrifié par la dureté des commentaires de ses contemporains. Il refusa de couper ne fût-ce que la réplique sur Shakespeare et la Pologne, jugée choquante. Et en choisissant l'attaque pour défendre son œuvre dans la presse anglaise et américaine, il fit la seule chose sensée qu'il pouvait faire. Par ailleurs, il ne réagit aux attaques du *Philadelphia Inquirer* que deux ans plus tard, mais cette fois dans une longue lettre ouverte, parfaitement argumentée :

> *Je ne vous écris pas cette lettre dans l'intention de vous faire reconsidérer votre critique ; rien ne serait plus éloigné de mon esprit. Je n'écris cette lettre que pour attirer votre attention sur le fait que plusieurs fois au cours de votre article vous avez recours à ce que l'on appelle, en termes de sport, un coup bas.*
>
> *Afin d'étayer votre argumentation contre moi, vous semblez croire nécessaire de faire référence à la naissance berlinoise du metteur en scène. Il ne s'agit pas pour moi de vouloir cacher mon lieu de naissance, mais je pense que cette référence à mon lieu de naissance, là où vous le faites intervenir dans votre article, est un peu tirée par les cheveux.*
>
> *Votre intention devient évidente lorsque dans la phrase suivante, où il est question de* Jeux dangereux, *vous attirez l'attention sur ma « tentative grossière et de mauvais goût de trouver drôle le bombardement de Varsovie ». Puisque vous êtes une journaliste de grande expérience, vous êtes certainement consciente de l'effet que peut produire sur les lecteurs une telle allégation, et particulièrement dans les temps que nous vivons. Une telle appréciation est certes peu*

aimable, mais j'estime que, lorsqu'elle est fondée sur des faits erronés, elle devient indigne.

Il est bien évident qu'il est totalement faux que je « m'amuse du bombardement de Varsovie », comme vous le déclarez. Lorsque, dans Jeux dangereux, *j'ai fait référence à la destruction de Varsovie, je l'ai montrée très sérieusement. Les commentaires qui accompagnent les plans de Varsovie dévastée parlent pour eux-mêmes et ne peuvent laisser aucun doute dans l'esprit du spectateur sur mon point de vue et sur mon attitude dans ce film à l'égard de ces actes d'horreur. Ce que j'ai moqué dans ce film, ce sont les nazis et leur idéologie ridicule. J'ai aussi réalisé une satire de l'attitude des comédiens qui demeurent, malgré tout, des comédiens en dépit des dangers de la situation, ce qui, je pense, est une observation juste.*

Nulle part dans le film je ne dis quoi que ce soit de désobligeant au sujet de la Pologne ou des Polonais. Tout au contraire, je les ai dépeints comme un peuple valeureux qui ne vient pas pleurer sa misère sur l'épaule des autres, mais qui, même aux heures les plus sombres, ne perdit jamais son courage, son ingéniosité ou son sens de l'humour.

On peut sans doute débattre de l'opportunité de mêler la satire au tableau réaliste de la tragédie polonaise telle que brossée dans mon film. Je pense qu'on pouvait le faire, et je crois que c'est aussi l'avis du public que j'ai observé au cours d'une projection.

On peut certes en discuter, et chacun a droit à son point de vue, mais on est certainement très loin alors de l'argument qui consiste à dénoncer « le metteur en

> *scène né à Berlin qui trouve drôle le bombardement de Varsovie » [...].*[80]

Dans l'atmosphère passionnelle des années de guerre, il n'est pas certain que la stratégie de défense de Lubitsch ait eu l'effet escompté ; le film ne devint un classique mondialement reconnu que longtemps après sa mort. Le « deux poids deux mesures » manifeste caractérisant le jugement porté, d'une part, sur *Le Dictateur* et, d'autre part, sur *Jeux dangereux*, s'expliquait par l'incapacité des critiques à dépasser l'événement quotidien ; les nazis devaient être des bêtes sauvages montrant les crocs, les Polonais de pauvres victimes désemparées : aucun autre stéréotype n'était autorisé. Lubitsch passa outre ces clichés de propagande : dans son film, les nazis étaient des petits bourgeois grotesques, les Polonais des David futés, jouant sans arrêt de sales tours à Goliath Hitler. Bien que la trame de l'action ait été élaborée selon toutes les règles de l'art, elle comportait, surtout dans sa description des nazis stupides et lourds, une part de vérité dépassant de loin le cadre d'une intrigue de comédie. Le biographe de Lubitsch, Herbert Spaich, a fait remarquer non sans raison que le réalisateur s'était rendu compte bien avant ses contemporains de la « banalité du mal » : Hitler et ses sbires n'étaient pas des démons mais, pour la plupart, des petits bourgeois ayant une foi inconditionnelle dans l'autorité et métamorphosés en assassins. Pour l'Amérique de 1942, le point de vue de Lubitsch, qui allait se vérifier lors des

80. Weinberg, p. 185-187.

procès de l'après-guerre, était purement et simplement inacceptable.[81]

La satire au service de la propagande
Les émissions radio de la BBC

Quand il s'agissait de ridiculiser les nazis, les émissions radio produites par les Alliés n'y allaient pas de main morte. Depuis 1938, la BBC émettait aussi en allemand. Le programme était animé presque exclusivement par des émigrants allemands et autrichiens. On estime que, vers la fin de la guerre, entre 10 et 14 millions d'Allemands écoutaient des émetteurs étrangers. Ils risquaient une condamnation, mais cette perspective ne semblait pas vraiment les effrayer. L'idée de diffuser des numéros satiriques virulents en plus des informations et de la musique swing (extrêmement populaire, mais interdite dans le Reich nazi) était osée. Pourtant, les très dynamiques responsables du service de langue allemande de la BBC se laissèrent convaincre par leur animateur Robert Lucas de faire un premier essai. Il n'y eut ni objections d'ordre éthique ni appréhensions.

La première émission humoristique passa sur les ondes en décembre 1940. Le personnage principal de cette satire allègre était un caporal (fictif) de la Wehrmacht, Adolf Hirnschal, qui racontait depuis le front toutes sortes d'aventures burlesques à sa « femme bien-aimée » ; une fois, c'était l'unité de Hirnschal qui était encerclée, une autre fois, il partait à l'assaut contre les Russes. C'est à travers la perspective des petites gens,

81. Cf. Spaich, p. 361.

de tout en bas, qu'il percevait la folie de la guerre et de l'idéologie nationale-socialiste. Il était comme le brave soldat Chveïk : lors de chaque combat pour la patrie, il avait une parole sage à prononcer. Les Allemands hostiles au régime qui écoutaient la BBC en cachette malgré l'interdiction étaient heureux de recevoir ce courrier clandestin venu d'Angleterre par les ondes. Les émissions mettant en scène ce caporal de fiction parlant comme ça lui venait devinrent ainsi un immense succès. Hirnschal parcourut donc l'Europe en flammes jusqu'à la fin de la guerre, en poussant ses ricanements et en marmonnant ses vérités. Les animateurs radio de la BBC, jamais à court d'idées, s'inspiraient de l'actualité pour rédiger de nouveaux commentaires satiriques. Le lendemain de l'attentat manqué contre Hitler dans sa tanière de la *Wolfsschanze*, Hirnschal fit parvenir sur les ondes une lettre particulièrement laconique :

Le 21 juillet 1944

Chère Amalia, ma femme bien-aimée !

Tu ne peux pas t'imaginer l'émotion qu'y a maintenant chez nous à cause de l'attentat sur notre Führer bien aimé, et Hans-Joachim Blitz dit qu'on ne se rend pas compte comment ce genre de coup du sort peut nous toucher tout à coup, et si l'auteur de l'attentat avait déposé sa serviette seulement un pas plus loin à droite ou un pas plus loin à gauche, on aurait peut-être aujourd'hui déjà la plus belle des paix, mais heureusement, la Providence a empêché cette catastrophe. Et juste au moment où il dit ça, le lieutenant Hanke arrive et fait un petit discours où il déclare qu'un grand miracle s'est produit et que c'est une preuve que la Providence est de notre côté et que tout le peuple allemand est uni derrière notre Führer bien-aimé, et que nous allons vaincre avec l'aide du Führer, de la Providence et des nouvelles armes V 1. [...] Tout à coup, il y a alerte aérienne et juste après, les bombes explosent et y en a une qui tombe dans le mille, et comme on cherche les morts et les blessés, on voit que le pauvre Hans-Joachim Blitz a aussi été touché et que c'est fini pour lui. Et comme Jaschke et moi on est devant lui, je dis : « Il boitait, mais c'était un type droit, tu sais, Emil. » Et Jaschke fait une tête comme j'avais jamais vu chez lui, et sa voix est toute rauque, quand il dit : « Oui, aujourd'hui, c'est lui. Et demain, c'est peut-être moi. Et après-demain toi, Hirnschal. » Et moi je dis : « Oui, Emil c'est comme ça. Des dizaines de milliers qui sont encore en vie aujourd'hui vont crever misérablement, comme Hans-Joachim Blitz. Et beaucoup de villes qui sont encore fières et belles seront réduites en cendres. Et beaucoup de femmes et d'enfants mourront de la faim et des épidémies. Et tout ça parce qu'une serviette ne se trouvait pas un pas plus loin à droite ou un pas plus loin à gauche. Si la Providence l'a voulu ainsi... »

Et là-dessus, ma femme bien-aimée, ton mari te quitte en t'embrassant.

Ton Adolf, caporal à l'Ouest, qui t'aime[82]

Hirnschal eut tant de succès que la BBC diffusa d'autres émissions satiriques. L'écrivain Bruno Adler fut

82. Lucas, p. 157 et suiv. ; notre trad.

le premier à emboîter le pas en inventant une personnalité charmante et tout à fait à l'opposé de ce caporal pas très malin, « Frau Wernicke », une Berlinoise au caractère bien trempé, qui disait vertement ce qu'elle pensait de l'État totalitaire nazi ; elle faisait aussi, sous une forme tout à fait anodine, de la publicité déguisée pour les informations de la BBC en langue allemande. Le nombre d'Allemands qui écoutaient Robert Lucas et sa bande de comiques en pleine guerre de propagande ne peut, lui, faire l'objet que de suppositions.

En 1940, le comédien autrichien Johann Müller, dont le nom d'exil était Martin Miller, posa une cerise très particulière sur le gâteau : il tint à la radio des discours bizarres, en se faisant passer pour Hitler. Il parodiait la voix du Führer avec une telle perfection que même la CIA aurait demandé un jour au service secret britannique MI6 ce que signifiaient ces déclarations d'Hitler. Comme on put le constater après la guerre, le faux Führer fit l'objet d'un véritable culte en Allemagne : Manfred Omankowsky, témoin berlinois de l'époque, raconte que son père, un social-démocrate, notait les discours de Miller-Hitler et les faisait ensuite secrètement reproduire dans une imprimerie située dans une cave. Manfred était alors chargé de distribuer les tracts satiriques aux militants ; il cachait les faux discours d'Hitler dans le double fond d'un aquarium à poissons rouges, puis, sous le prétexte d'échanger des poissons avec d'autres aquariophiles, il se rendait chez les amis de son père et leur glissait entre les mains les pamphlets humoristiques fraîchement imprimés. Les discours de Miller n'auront évidemment pas convaincu les nazis endurcis du ridicule de leur idéologie, mais les Allemands hostiles au régime retrouvèrent de l'espoir en écoutant le cabaret de la BBC : ils eurent le sentiment, comme dit Manfred Omankowsky, de ne plus être seuls avec leurs convictions. Miller savait comment redonner courage à son public. Il mettait le doigt sur toutes les plaies du Führer ; Hitler avait par exemple promis d'obtenir la « victoire finale » pour la fin de 1941 : Miller s'en inspira pour réaliser une rétrospective de fin d'année tout à fait spéciale et, le 31 décembre, son Führer de contrefaçon déclara sur l'émetteur de langue allemande de la BBC, avec cette voix rauque si caractéristique :

> *Mon message aujourd'hui coïncide avec la fin d'une année dont je vous avais garanti qu'elle serait celle de la victoire finale. Mais cette année n'est terminée que sur le calendrier, ce calendrier grégorien qu'un pape romain du nom de Grégoire, à la solde de la juiverie internationale et des francs-maçons, a imposé au monde germanique. Allons-nous, nous autres nationaux-socialistes, qui avons offert au monde un nouvel ordre, nous laisser dicter par des étrangers dans l'ombre quand une année commence et quand elle finit ? Non, mes camarades de race, c'est moi et moi seul qui décide quand l'année allemande commence et quand elle finit.*[83]

Les émissions de la BBC comme celles-ci furent de grands moments de la satire antinazie. Pour les nazis, elles constituèrent au contraire une provocation inouïe. Les nazis ne savaient cependant pas se servir de l'arme de l'humour et n'avaient pas grand-chose à opposer à ces

83. Cf. Kühn, p. 360 ; notre trad.

attaques humoristiques. Pourtant, on avait eu longtemps l'impression que les Allemands garderaient une longueur d'avance sur le front de la propagande : pendant les premières années de la guerre, le programme en langue anglaise de la radio allemande eut par moments presque autant d'auditeurs que la BBC en Angleterre. « *Germany Calling* » : c'est par cette phrase que débutaient les tristement célèbres émissions radio mais, dans la bouche du présentateur nazi William Joyce, les mêmes mots, prononcés d'une voix nasillarde, faisaient plutôt penser à « *Djairmany Calling* ». L'homme qui était la voix de l'Allemagne reçut bientôt le sobriquet de « Lord Haw-Haw » dû à son accent oxfordien. En lieu et place de satires, le programme allemand prodiguait aux Anglais des conseils cyniques, comme la manière de soigner les blessures par bombes. Tout était lu par Joyce dans un anglais nasillard typiquement oxfordien. Le présentateur principal du programme en langue anglaise était pourtant tout sauf un aristocrate : il s'agissait au contraire d'une brute sauvage, qui avait une longue cicatrice au visage à la suite d'une bagarre de rue. Après la guerre, il fut capturé à Hambourg et, comme il avait été à l'origine citoyen britannique, exécuté pour haute trahison.

« Un bon Allemand n'agit pas ainsi »
La série satirique nazie *Tran und Helle*

Après les succès initiaux remportés par les Allemands dans la guerre des ondes, la BBC garda nettement l'avantage jusqu'à l'effondrement du Reich. Goebbels et ses hommes de main prirent des mesures draconiennes contre les *Rundfunkverbrecher*, les « criminels » qui écoutaient les émetteurs ennemis : c'était là un signe d'impuissance car les autorités ne réussissaient pas à stopper, ne fût-ce que partiellement, l'écoute de ces radios, malgré la sévérité des châtiments encourus. Une loi votée en 1939 prévoyait la peine de mort pour ceux qui écoutaient illégalement les informations de l'étranger et les diffusaient ensuite. Le journal officiel expliquait en long et en large pourquoi les ondes ennemies étaient si dangereuses du point de vue national-socialiste :

> *Dans la guerre moderne, l'ennemi combat non seulement à l'aide d'armes militaires, mais aussi de moyens susceptibles d'influencer psychologiquement et de démoraliser le peuple. La radio est un de ces moyens. Chaque mot radiodiffusé par l'ennemi est évidemment un mensonge destiné à nuire au peuple allemand. Le gouvernement du Reich sait que le peuple allemand connaît ce danger et attend donc de chaque Allemand qu'il ait le sens des responsabilités et de la bienséance, évitant par principe d'écouter des émetteurs étrangers. Pour ceux parmi les camarades raciaux auxquels ce sens des responsabilités fait défaut, le Conseil des Ministres pour la Défense du Reich a promulgué l'ordonnance suivante faisant force de loi :*
>
> *§ 1 L'écoute intentionnelle d'émetteurs étrangers est interdite. Le contrevenant encourt une peine de travaux forcés. Celle-ci peut être ramenée à une peine de prison pour les cas plus légers. Les installations de réception utilisées seront confisquées.*
>
> *§ 2 Quiconque divulgue intentionnellement des informations provenant d'émetteurs étrangers*

> *susceptibles de menacer la capacité de résistance du peuple allemand encourt une peine de travaux forcés et, dans les cas particulièrement graves, la peine de mort.*[84]

Malgré l'atmosphère de délation qui régnait et quelques simulacres de procès honteux – lors desquels ceux qui écoutaient illégalement des radios étrangères furent condamnés à mort – de nombreux Allemands ne renoncèrent pas à écouter des « émetteurs ennemis ». La radio allemande diffusait principalement des bulletins de victoire et même quand la Wehrmacht fut de plus en plus réduite à la défensive, les organes officiels utilisèrent des euphémismes comme « rectification du front » et « repli dans l'ordre ». La BBC restait, malgré toute sa propagande, une source bien plus fiable. À Berlin, on se moquait des discours radiophoniques mensongers de Goebbels, en disant qu'ils étaient l'« heure du conte de fées de Pied Bot ». Pendant la guerre, le proverbe « Les mensonges ont les jambes courtes » s'appliquait aussi au ministre de la Propagande, qui était handicapé d'un pied. Toutefois, même ceux qui réussissaient à démystifier la propagande des nazis devaient reconnaître que ces derniers étaient passés maîtres dans l'art d'utiliser les médias à leurs propres fins : avec la radio, dont Hitler avait compris très tôt l'importance, ce sont surtout les actualités hebdomadaires qui furent entièrement au service de la propagande nationale-socialiste. La prédilection qu'avait Goebbels pour le monde du cinéma lui inspira une expérience humoristique : pendant les premières années de la guerre, le ministre de la Propagande

84. *Reichsgesetzblatt* 1, 1939 ; notre trad.

fit précéder les actualités cinématographiques de sketches politiques. Cette série comique extraordinairement populaire s'appelait *Tran und Helle*[85] (« Tran et Helle ») et partait d'un concept très simple : Tran, un chauve borné (incarné par Ludwig Schmitz) s'indignait de toutes sortes d'injustices, lisait des livres d'auteurs juifs et achetait des oranges au marché noir. En résumé, il faisait tout ce qu'un *Volksgenosse* (camarade du peuple) pouvait faire de mal. Helle, le tout fringant membre du parti, ramenait l'éternel « défaitiste » dans le droit chemin en lui faisant la leçon sur un ton sévère. Les conseils « bien intentionnés » étaient parfois assortis de menaces, comme dans le sketch sur les radios étrangères :

> *Helle : Je suis content que tu aies enfin acheté un appareil radio. Maintenant, tu verras par toi-même comme notre époque est intéressante. Tu connaîtras les grands événements qui ont lieu dans tout le Reich.*
>
> *Tran : Peut-être que je pourrai aussi écouter de temps en temps les radios étrangères.*
>
> *Helle : Quoi ? Tu veux écouter les radios étrangères ?*
>
> *Tran : Oui, les informations de l'étranger. Londres par exemple.*
>
> *Helle : Londres ?*
>
> *Tran : Oui, Londres. Tu peux me dire ce que je dois faire pour recevoir la BBC ?*
>
> *Helle : Je ne sais pas ce que tu dois faire pour recevoir Londres, mais je sais ce que tu vas recevoir, si tu reçois Londres.*

85. Voir p. 233.

Tran : Quoi donc ?

Helle : La taule ou même les travaux forcés !

Tran : Même si personne ne le remarque ?

Helle : Peu importe que quelqu'un le remarque ou non. Un bon Allemand n'agit pas ainsi.

Tran : Mais on doit s'informer de ce qui se passe à l'extérieur de nos frontières.

Helle : Comme tout le monde sait, les radios étrangères ne disent que la pure vérité. On ne t'a jamais dit comment fonctionnait l'information chez nos ennemis ? Alors, dis-toi bien qu'elle ne sert qu'à une chose : affaiblir notre capacité de résistance[86].

Aussi bizarre que cela paraisse aujourd'hui, les spectateurs se tordaient de rire devant les sketches de *Tran und Helle*. Toutefois, cela ne signifie pas qu'ils étaient impressionnés par les exposés didactiques de Helle ; c'était même généralement le contraire, et les indicateurs du ministère de la Propagande rapportèrent à Goebbels que si les gens aimaient tellement la série, c'était parce qu'ils sympathisaient avec Tran le défaitiste, si bien qu'il ordonna sur-le-champ de retirer les sketches. Après l'échec de cette tentative totalement contre-productive, les nazis ne se lancèrent plus jamais dans la production de sketches politiques ; la série cinématographique *Liese und Miese*, conçue sur le même modèle que *Tran und Helle*, connut très vite le même sort. Nous ajouterons simplement ceci : lors d'une interview accordée après la guerre, Jupp Hessels, l'idéologue nazi de *Tran und Helle*, affirma le plus sincèrement du monde être en fait un

86. Notre trad.

homme apolitique. Il ne se doutait pas à l'époque, dit-il, que ces sketches étaient tout sauf des divertissements inoffensifs.

La radicalisation intérieure

Les dirigeants nazis avaient beau utiliser toutes les ficelles de la propagande, ils ne purent cacher que la guerre n'évoluait pas dans le bon sens. Le signe avant-coureur du tournant de la guerre fut la catastrophe de l'hiver 1941-1942, quand la Wehrmacht, insuffisamment équipée, subit des défaites cuisantes dans les vastes plaines de l'Union soviétique.

La génération qui avait participé à la première guerre mondiale, parfaitement consciente des dangers d'une guerre sur deux fronts, commença avant les autres à soupçonner Hitler d'avoir présumé de ses forces en attaquant l'Union soviétique. Le spectre de Verdun n'était toutefois pas le seul à hanter l'esprit des gens : le parallèle avec Napoléon et la défaite écrasante qu'il avait subie en Russie s'imposait à beaucoup d'Allemands. L'immense empire soviétique, figé dans les glaces, n'était pourtant qu'un adversaire parmi d'autres, dont les seigneurs de la guerre nazis devaient venir à bout. Sur certains fronts, comme en Égypte, il devenait clair que l'armée de terre allemande avait abusé de ses forces, tant en matériel qu'en personnel. De surcroît, la Luftwaffe de Göring ne parvenait pas, même en déployant toutes ses forces, à repousser les attaques aériennes de l'ennemi. Des villes allemandes étaient bombardées depuis 1940 et, depuis 1943, les bombardiers alliés volaient même 24 heures sur 24. Göring avait dit qu'il voulait bien s'appeler

Meier si un seul avion ennemi atteignait un jour le territoire allemand : ce sobriquet lui collait maintenant à la peau, mais Göring, réputé pour sa vanité, ne devait s'en prendre qu'à lui-même.

Le tournant définitif et sanglant de la guerre fut néanmoins la capitulation des Allemands à Stalingrad. En même temps que la sixième armée disparut l'auréole de vainqueur d'Hitler, le « plus grand général de tous les temps » (*Gröfaz : größter Feldherr aller Zeiten*) : il dut soudain mesurer sa prétention d'infaillibilité à l'aune de la réalité, mais préféra adopter une attitude de défi et lancer des mots d'ordre jusqu'au-boutistes insensés. Cependant, le fossé de plus en plus grand entre la situation réelle et les chimères nationales-socialistes ne mena pas à des changements de comportement chez le seul Hitler : l'ensemble des dirigeants nazis, acculés à la défensive, réagit en frappant de façon incontrôlée et dans tous les sens. La « guerre totale » devint une réalité sanglante sur l'ensemble des champs de bataille, bien avant le fameux discours de Goebbels au Palais des sports. L'Allemagne retourna contre elle-même une partie de cette agression effrénée : sur le front, des dizaines de milliers de soldats furent sacrifiés inutilement, tandis qu'à l'arrière, la SS régnait en maître. La radicalisation extérieure du IIIe Reich fut suivie d'une radicalisation intérieure : alors qu'au début de la guerre, la terreur judiciaire brune avait fait preuve d'une modération relative dans l'ivresse des victoires, on assista désormais à une avalanche de condamnations à mort contre les « sapeurs de la capacité de défense ». Ces procès et ces exécutions trouvèrent leur origine dans la *Kriegsstrafrechtssonderverordnung* (ordonnance sur le droit pénal d'exception en temps de guerre) promulguée par le sinistre général Keitel et dont la formulation était intentionnellement vague :

> *Sera puni de la peine de mort pour sabotage du potentiel de défense de l'armée [...] quiconque exhorte ou incite publiquement à refuser de remplir ses obligations militaires dans l'armée allemande ou toute autre armée alliée ou tente publiquement d'affaiblir ou de détruire la volonté du peuple allemand ou d'un peuple allié d'assurer militairement sa défense.*[87]

La justice fit un large usage de cette carte blanche qui laissait le champ libre à l'arbitraire de l'État. Les juges se montrèrent très créatifs dans l'interprétation du terme « publiquement » et les tribunaux n'hésitèrent même pas à qualifier d'« atteinte publique à la capacité de défense » les remarques critiques faites dans l'intimité du cercle familial ; ils pouvaient à cette fin compter sur une armée de dénonciateurs zélés, qui livraient chaque année des centaines de citoyens opposés au régime : dans le cas des enfants Scholl, ce fut le concierge qui joua ce rôle et, dans d'autres cas, ce fut le voisin, qui avait un compte à régler avec la victime ; parfois même, c'étaient les enfants qui dénonçaient leurs propres parents. On ne se sentait nulle part à l'abri des shérifs adjoints du régime. Sans ces dénonciateurs, que les autorités ont encouragés de toutes leurs forces, l'État autoritaire national-socialiste n'aurait jamais pu exercer un tel pouvoir sur ses citoyens : la Gestapo tant redoutée manquait en effet de personnel pour tenir

---

87. § 5 de la *Kriegssonderstrafrechtsverordnung* du 17 août 1938 ; notre trad.

sous sa coupe un pays de plusieurs dizaines de millions d'habitants. Au lieu de renforcer ses effectifs, les nazis imaginèrent un système perfide, permettant de faire parvenir les dénonciations depuis le simple « chef de bloc » jusqu'au sommet de la hiérarchie de la Gestapo.

Les blagues devant les tribunaux
Le comédien Fritz Muliar sur le front

Une étude réalisée par Meike Wöhlert, déjà citée dans cet ouvrage, donne une idée de ce qui arrivait aux personnes dénoncées pour avoir raconté des blagues défaitistes. Elle est basée sur une analyse de dossiers de la Gestapo et du SD relatifs au sujet. Les « coupables » étaient convoqués par la Gestapo, qui leur adressait un avertissement ; il était rare que l'affaire aille plus loin. Même dans les cas qu'on renvoyait à l'un des tribunaux politiques spéciaux, la procédure se clôturait généralement par un avertissement. En principe, quand il s'agissait de blagues, les jugements ne se référaient par ailleurs pas à l'ordonnance sur le droit pénal d'exception en temps de guerre, mais à la loi contre la « perfidie », plus clémente. Et la petite minorité placée en « détention de protection » restait rarement en prison plus de cinq mois.[88]Au contraire de ce qui se passait en cas de propos ouvertement défaitistes, les autorités avaient donc tendance à traiter les blagues politiques comme des délits mineurs.

On dénombre toutefois quelques exceptions non négligeables, où les blagues fournirent aux autorités un

88. Cf. Wöhlert, p. 97.

prétexte bienvenu pour se débarrasser définitivement de contemporains mal vus. Nous étudierons ici quelques-uns de ces procès, qui eurent tous lieu pendant les dernières années de guerre. Le cas du comédien viennois Fritz Muliar[89] est bien connu en Autriche : cet adversaire convaincu des nazis avait été mobilisé en 1940 et envoyé combattre en France. Quand on apprit qu'il travaillait au théâtre, il reçut l'ordre d'organiser une « soirée d'animation » : cela n'avait rien d'inhabituel car d'autres artistes étaient réquisitionnés pour divertir les troupes. De nombreux comiques qui allaient faire carrière après la chute du IIIe Reich se produisaient dans des cabarets de soldats : nous citerons Heinz Erhardt ainsi que le futur animateur de TV, Peter Frankenfeld. On attendait des ces chansonniers un humour apolitique, léger, censé distraire les combattants de la guerre telle qu'ils la vivaient au quotidien. Dès le début, Muliar ne respecta pas cette loi non écrite, comme il l'a raconté en tant que témoin de l'époque lors d'un entretien pour les besoins de ce livre. Les blagues qu'il sortait à ses camarades étaient très osées :

> *Chaque fois que je racontais quelque chose qui n'était pas dans la ligne du parti, c'étaient des éclats de rire. Et évidemment, ça devenait de plus en plus savoureux […] Et puis un adjudant, un Autrichien appelé Müller, qui travaillait à la Kommandantur d'Auxerre, m'a dit : « Sois un peu prudent, ça peut changer du jour au lendemain. »*[90]

89. Voir p. 235.
90. Notre trad.

Muliar ne tint pas compte de ce conseil. Lors de ses tournées à travers la France occupée, il avait des contacts fréquents avec la population ; la haine des Français envers l'occupant était grande et ils se moquaient de l'abréviation NSDAP : « Nous sommes des Allemands provisoires ». Les blagues de ces « Allemands provisoires » étaient acerbes, anti-allemandes et pleines d'une amertume sans fard. Muliar rendit service aux Français, aida les réfugiés qui voulaient passer la frontière et participa pour le reste à des opérations subversives. Il raconta à ses camarades les blagues féroces qu'il avait notées. Il les raconta aussi à un prétendu camarade autrichien. Son compatriote, un professeur d'école moyenne originaire du premier district de Vienne, le dénonça immédiatement. Peu après, alors que Muliar montait la garde près d'un aérodrome factice surréaliste, plein d'avions-leurres, il fut arrêté. À la prison d'Auxerre, il apprit qu'il était inculpé pour infraction à l'article 5 de l'ordonnance sur le droit pénal d'exception en temps de guerre. Le chef d'accusation était : avoir porté atteinte au moral de la troupe par ses déclarations et ses blagues défaitistes. De fait, le jeune soldat n'y était pas allé par quatre chemins en disant clairement à qui voulait l'entendre que Goebbels était un « baiseur de putes, qu'Hitler était un criminel et que la guerre était de toute façon perdue. »[91] Bien sûr, les officiers de son unité se racontaient des blagues virulentes – ce que tout le monde savait –, mais ils pouvaient le faire impunément. Muliar, en revanche, s'était déjà fait remarquer en mal : ses contacts avec les Français et son appartenance au *Vaterländische Front* (Front patriotique) nationaliste

91. Muliar, p. 58.

autrichien l'avaient rendu suspect aux yeux des nazis. Ses blagues étaient donc le prétexte idéal pour se débarrasser du jeune rebelle. Muliar fut enfermé pendant sept mois dans une cellule individuelle, sept mois pleins d'une incertitude tenace. Le jugement du tribunal militaire de campagne de la dixième division de la Luftwaffe, qui était chargé de l'affaire, fut cependant clément : le juge était apparemment d'avis que Muliar avait fait ces déclarations non pas par conviction politique, mais sous l'effet de sa fougue juvénile. Une peine de quatre mois pour « sabotage du potentiel de défense » fut prononcée, à laquelle s'ajoutèrent quatre autres mois pour un vol qu'il n'avait pas commis. Mais le soulagement de Muliar devait être de courte durée : quand il fut de retour dans sa prison à Auxerre, il apprit qu'il ferait l'objet d'un nouveau procès. Le motif : le juge suprême de sa division, un certain *Feldmarschall* Sperrle, avait trouvé le jugement trop clément. Cela signifiait, comme il fut communiqué sans détour à Muliar, qu'en cas de réouverture du dossier, il devait s'attendre à être condamné à mort. Après avoir entendu cette terrible nouvelle, Muliar, âgé de 22 ans à l'époque, s'assit dans sa cellule et écrivit son testament. En plus d'une lettre déchirante adressée à sa famille, ses « dernières volontés » précisaient que son ami Kurt Jelinek devait recevoir sa montre en or et une amie viennoise son exemplaire du *Faust* de Goethe.[92]

La longue et douloureuse attente prit fin le 12 décembre 1942. Muliar fut reconduit à Paris et déféré devant un juge militaire, mais à son grand soulagement, le jeune Autrichien ne fut condamné « qu' » à cinq ans de

92. Cf. Muliar, p. 60 et suiv. Voir p. 236-237.

travaux forcés, commués plus tard en « mise à l'épreuve au front ». Muliar fut déporté dans la région du coude du Donets ; là, il dut servir dans une de ces tristement célèbres unités disciplinaires, composées de détenus-soldats et qui n'étaient généralement rien d'autre que des commandos-suicide. Comme par miracle, le prisonnier survécut à ces opérations meurtrières ; il franchit même un champ de mines sans dommage. Des dizaines d'années plus tard, il se rappela toutefois dans une interview : « Je croyais [à l'époque] que je ne pourrais plus jamais rire. »

Condamnée à mort par la Cour de justice populaire : Marianne K., employée de l'armement

La compagnie disciplinaire sur le front de l'Est avait beau être l'antichambre de la mort, Muliar en revint vivant. La dessinatrice technique Marianne Elise K., de Berlin-Mariendorf, n'eut pas cette chance dans la malchance. Un collègue de l'usine d'armement où elle devait travailler l'avait dénoncée pour la blague suivante :

> *Hitler et Göring se trouvent au sommet de la tour de la radio à Berlin. Hitler dit qu'il voudrait faire plaisir aux Berlinois. Là-dessus Göring à Hitler : « Alors saute de la tour ! »*

Son cas fut transmis à la *Volksgerichtshof* – la Cour de justice populaire, de sinistre mémoire – qui essayait depuis un certain temps d'affirmer son rôle en prononçant des jugements excessivement sévères. Le président du tribunal, le Docteur Freisler, dont le nom est devenu plus que tout autre synonyme de justice de terreur à l'époque nazie, présidait l'audience en personne. Voici le texte du jugement prononcé le 26 juin 1943 :

> *Madame Marianne K., veuve de guerre allemande, a, par ses paroles haineuses sur le Führer et le peuple allemand ainsi que son souhait de nous voir perdre la guerre, tenté de saper notre volonté de nous défendre courageusement et de travailler vaillamment à la victoire. En se comportant ainsi et en se déclarant tchèque, alors qu'elle est allemande, elle s'est exclue de notre communauté populaire. Son honneur est perdu pour toujours et elle sera pour cette raison punie de la peine de mort.*[93]

Marianne K. fut guillotinée à Berlin-Plötzensee. L'amertume ressentie parce que son mari était « tombé » durant une guerre d'agression absurde ne fut pas reconnue comme circonstance atténuante – au contraire même : pour le tribunal, le fait qu'elle ait dénigré Hitler alors qu'elle était « veuve de guerre » aggravait encore son cas. Le but déclaré de la Cour de justice populaire était d'ailleurs de fermer les yeux sur les souffrances des individus. « En général, le juge à la Cour de justice populaire doit s'habituer à considérer comme primordiales les idées et les intentions de l'État et comme secondaire le destin des êtres humains, qui dépend de lui-même » : c'est ce que recommanda dans une lettre le président sortant du premier Sénat, Otto Tierack, à son successeur, Roland Kreisler,[94] et celui-ci suivit les conseils de son collègue à

93. Extrait des attendus du jugement de la Cour de justice populaire ; notre trad., voir p. 238-239.
94. Cf. Koch, p. 217.

la lettre. Pendant la guerre, la Cour de justice populaire se saisit d'un nombre de cas croissant d'année en année. Le nombre de condamnations à mort progressa de façon vertigineuse sous les présidences de Thierack et Freisler ; en 1942, alors que le tournant de la guerre se dessinait déjà, ce nombre fut même multiplié par dix par rapport à l'année précédente :

1937 : 32 condamnations à mort
1938 : 17 condamnations à mort
1939 : 36 condamnations à mort
1940 : 53 condamnations à mort
1941 : 102 condamnations à mort
1942 : 1 192 condamnations à mort
1943 : 1 662 condamnations à mort
1944 : 2 079 condamnations à mort[95]

Les « défaitistes » comme la dessinatrice technique Marianne K. étaient presque sans exception condamnés à mort. On ne faisait aucune distinction, qu'ils fussent des gens du peuple ou des personnages en vue. Une de ces victimes, le célèbre pianiste Karlrobert Kreiten, fut inculpé, parce qu'il avait prédit que le sommet de la hiérarchie du régime nazi serait bientôt plus court d'une tête. Le chef d'orchestre mondialement connu qu'était Wilhelm Furtwängler eut beau intervenir, rien n'y fit. La condamnation à mort de Kreiten fut saluée par un commentaire sarcastique dans le tabloïd berlinois *12-Uhr-Blatt :* « Artiste – exemple et modèle ». L'auteur de cet article calomnieux ? Le journaliste Werner Höfer. Après la guerre, Höfer fit carrière à la chaîne de télévision Westdeutsches Fernsehen : il put y animer jusqu'en

95. Cf. Koch, p. 222.

1987 le magazine politique *Internationaler Frühschoppen* en se faisant appeler « directeur de télévision », alors que le public était au courant de son passé trouble depuis le début des années soixante.

La dénonciation et l'exécution de Robert Dorsay, star du cinéma allemand

Le grand acteur Robert Dorsay[96] fut, lui aussi, un « défaitiste » célèbre. On avait pu le voir dans de nombreuses comédies de l'UFA, où il jouait les bourreaux des cœurs et les charmeurs de service. En plus de ses qualités de comédien, Dorsay savait raconter des histoires d'une drôlerie époustouflante – ce qu'il ne manquait jamais de faire. Il aimait se moquer d'Hitler et de Goebbels, notamment lors des réceptions glamour de l'UFA. Ses blagues n'étaient pas toujours innocentes :

> *Le Führer fait son entrée dans une ville ; des petites filles lui font une haie d'honneur fleurie. L'une d'elles lui tend une touffe d'herbe. Hitler lui demande : « Que veux-tu que je fasse avec ça ? – La manger, répond la petite. Les gens disent tous les jours : "Les temps ne seront meilleurs que quand le Führer aura mordu l'herbe." »*

Dorsay ne semblait pas se rendre compte que tous ses collègues n'appréciaient pas ce genre d'humour. Il ignora délibérément les avertissements et refusa d'entrer au NSDAP, comme on l'incitait explicitement à le

96. Voir p. 244.

faire.[97] Ce n'était un secret pour personne qu'il méprisait les nazis. Il fut systématiquement sanctionné pour son attitude de défi et son franc-parler : l'UFA fit d'abord en sorte qu'il ne joue plus de grands rôles. La chute fut brutale pour l'ancienne star de l'écran : dans le film raciste et ignoble qu'était *Robert und Bertram*, on lui confia le rôle du serviteur juif du conseiller commercial Ipelmeyer, une apparition de quelques secondes sous les traits d'une caricature vivante sortie tout droit du *Stürmer*. Pourtant, sa tentative de se faire bien voir des nazis en acceptant à contrecœur cette descente dans les bas-fonds de l'antisémitisme primaire ne ralentit pas sa déchéance : pendant les années de guerre, Dorsay continua à se produire comme acteur comique mal payé dans des compagnies de cabaret envoyées sur le front, mais il n'obtint plus aucun rôle au cinéma. À la cantine du Deutsches Theater de Berlin, il rencontra des gens du même bord que lui, en train de noyer leurs frustrations dans le vin et la bière. Dorsay divertissait la tablée avec les dernières blagues sur le Führer, quand il fut dénoncé aux autorités par un conseiller gouvernemental présent par hasard. On connaît la suite : une chambre spéciale du *Reichskriegsgericht* (Conseil de guerre du Reich) condamna le comédien à deux ans de travaux forcés en août 1943. Mais alors que Dorsay entamait sa peine, son cas continua de faire des remous : c'était une période où l'État tentait désespérément de préserver la cohésion de la *Volksgemeinschaft* nazie en pleine désagrégation et prenait à cette fin des mesures draconiennes. Heinrich Himmler, qui avait été nommé ministre de l'Intérieur du

97. Cf. LIEBE, p. 21.

Reich en 1943, cassa tous les jugements des tribunaux spéciaux – il les trouvait apparemment trop cléments. Le 8 octobre 1943, Dorsay dut à nouveau comparaître devant le tribunal et, cette fois, son procès se termina par une condamnation à mort. Moins de vingt jours plus tard, Dorsay fut guillotiné à la prison de Berlin-Plötzensee. Le *Völkische Beobachter* et beaucoup d'autres journaux annoncèrent sa mort dans un communiqué laconique :

> *Trahison punie de mort : Berlin, le 1er novembre. Le comédien Robert Stampa, alias Dorsay, a été condamné à mort pour agissements hostiles et répétés contre le Reich, en relation avec des atteintes graves à la capacité de défense allemande. Le jugement a déjà été exécuté.*[98]

Le nom de Robert Dorsay figura une dernière fois sur une affiche pendant l'avant-dernière année de la guerre, mais cette fois, ce n'était pas une affiche de film : il s'agissait d'une annonce de couleur rouge sang sur une colonne publicitaire, informant succinctement tout un chacun de l'exécution du comédien.

Quand le rire était-il mortel ?

Le cas de Robert Dorsay nous montre une fois de plus que l'État national-socialiste faisait deux poids deux mesures face à ceux qui racontaient des blagues politiques hostiles au régime. Une fois, les auteurs s'en sortaient avec une mise en garde, une autre fois,

98. Cf. Liebe, p. 27 ; notre trad.

ils écopaient d'une peine de prison ou de travaux forcés et, dans des cas d'exception, ils terminaient sur l'échafaud. Comme l'a magistralement démontré Meike Wöhlert, ces différences extrêmes n'étaient pas seulement dues à l'arbitraire de la justice : l'approche des juges avait au contraire quelque chose de systématique. Lors des procès contre les prétendus défaitistes, ce n'étaient pas les faits qui était primordiaux, mais bien les opinions du prévenu et un homme comme Dorsay, qui s'était fait remarquer depuis longtemps par son attitude critique, devait s'attendre à une condamnation beaucoup plus sévère qu'un national-socialiste fervent ayant raconté la même blague que lui. Ce principe de la jurisprudence nationale-socialiste trouvait son origine, comme nous l'apprend une directive de Reinhard Heydrich datant de 1936, chez Hitler en personne.[99]

Les jugements draconiens prononcés par la Cour de justice populaire étaient destinés à faire des exemples, ce en quoi ils ne manquèrent pas leur but : parallèlement à la montée en flèche du nombre de condamnations à mort, le sentiment de courir un danger si on racontait des blagues critiques envers le régime augmenta en effet pendant les dernières années de guerre. Cependant, la thèse selon laquelle le rire était mortel sous le IIIe Reich ne tient pas la route, du moins dans sa formulation traditionnelle : la menace ne résidait pas tant dans la blague racontée, que dans le prétexte recherché par les nazis pour de se débarrasser d'un citoyen qui n'était pas en odeur de sainteté. L'élément décisif n'était pas le « délit » en soi ayant conduit à la dénonciation du raconteur de blague,

99. Cf. Wöhlert, p. 137.

mais l'idée que les nazis se faisaient de l'attitude globale de celui-ci vis-à-vis du national-socialisme. La blague suivante, qu'on retrouve souvent dans les procès-verbaux, en est un bon exemple :

> *Le portrait du chancelier du peuple* (Hitler) *et celui du ministre Göring sont accrochés à l'école. Il y a encore de la place au milieu, c'est-à-dire entre les deux portraits. Le professeur demande : « Qu'allons-nous faire de la place libre ? » Un enfant se lève en disant : « On n'a qu'à y mettre Jésus, puisqu'il était aussi suspendu entre deux criminels. »*

Nous avons la preuve qu'en 1933, raconter cette blague était considéré comme délit mineur par la Gestapo et les tribunaux d'exception. Mais pendant les dernières années de la guerre, quand une variante de cette même blague fut racontée par un prêtre opposant, la Cour de justice populaire, qui avait pris l'affaire en main, prononça une condamnation à mort. Cette fois-ci, le trait d'humour était pourtant bien dissimulé et la portée de la blague atténuée en conséquence. Il n'était plus question de « criminels » et il fallait être féru de la Bible pour comprendre la boutade.

> *Un blessé en train d'agoniser veut savoir pourquoi il meurt. Il fait appeler l'infirmière et lui dit : « Je meurs en soldat et je voudrais savoir pour qui je fais le sacrifice de ma vie ». L'infirmière répond : « Vous mourez pour le Führer et le peuple. » Le soldat demande alors : « Ne peut-on alors faire venir le Führer à mon lit de mort ? » L'infirmière répond : « Non, ce n'est pas possible, mais je vais vous apporter son portrait. » Le soldat demande qu'on place le*

portrait à sa droite. Il dit encore : « Je fais partie de la Luftwaffe. » L'infirmière lui apporte alors le portrait du Reichsmarschall Göring et le place à gauche. Le soldat dit alors : « Maintenant, je vais mourir comme le Christ. »

Nous exposerons maintenant quel tragique enchaînement de faits fut responsable de ce jugement draconien. La victime de la justice nazie était le prêtre catholique Joseph Müller, né en 1884. Müller venait d'une famille ultraconservatrice et profondément religieuse. Il participa à la première guerre mondiale en tant que volontaire, emporté, comme beaucoup d'autres jeunes hommes de sa génération, par l'élan patriotique. Il rentra de la guerre traumatisé, après avoir été blessé en France et en Roumanie. Cela ne l'empêcha pas d'entreprendre aussitôt des études de théologie et d'être ordonné prêtre en 1922. Dès sa première affectation comme curé à Duderstadt, il manifesta un don pour les activités dans les associations chrétiennes de jeunes. Dans les années trente, il donna jusqu'à dix-sept heures d'enseignement religieux par semaine. Cet homme, qui était d'un caractère plutôt sombre et avait des tendances dépressives depuis la guerre, s'épanouissait littéralement dès qu'il avait l'occasion de gagner des jeunes à la foi chrétienne. La politique n'était pas éludée dans ses cours : il mettait souvent en garde contre les positions extrêmes, ces « ombres » derrière lesquelles la jeunesse ne devait pas courir.[100] C'est ainsi qu'il entra presque fatalement en conflit avec les nazis locaux, qui préféraient voir les jeunes dans la *Hitlerjugend* et la *Bund Deutscher Mädel* qu'à l'église. À Heiningen,

100. Cf. Scharf-Wrede, p. 6.

en Basse-Saxe – avant-dernière étape de sa carrière de prêtre – il n'y avait pas seulement des jeunes catholiques qui se réunissaient dans le jardin du curé : sa maison était aussi un lieu d'accueil pour des travailleurs forcés polonais, auxquels il proposait des entretiens pastoraux ; il faisait appel à eux pour des travaux de jardinage, mais ce n'était là qu'un prétexte, afin qu'ils puissent participer à la messe et aux rencontres chrétiennes. Ces initiatives constituaient évidemment des enfreintes à la loi, tout comme son entêtement « défaitiste » à affirmer en public que l'Allemagne ne pourrait jamais gagner la guerre.[101]

Dans l'optique nazie, bien qu'il ne soit jamais entré officiellement en conflit avec les autorités à Heiningen, Müller n'était donc plus blanc comme neige. Ce fut un homme avec ces antécédents politiques qui prit possession de sa nouvelle paroisse le premier août 1943 dans la localité de Groß Düngen, près de Hildesheim. Müller lui-même n'était sans doute pas pleinement conscient de la précarité de sa situation. Même ses amis le qualifiaient de naïf, et un de ses supérieurs estimait qu'il avait une intelligence moyenne, ajoutant qu'il manquait de « vivacité intellectuelle ».[102] Le curé se fit rapidement des amis à Groß Düngen : des dizaines d'années plus tard, ceux-ci parlaient encore avec enthousiasme de sa bonté.

Un maître artisan de l'endroit, qui venait souvent effectuer des réparations au presbytère, était un nazi fanatique ; ce dont le nouveau venu ne se rendit pas compte.

101. Cf. Scharf-Wrede, p. 11.
102. Cf. Scharf-Wrede, p. 18.

Un mois à peine après son arrivée à Groß Düngen, le curé Müller eut une brève conversation avec l'instituteur du village après le cours de religion. Pendant cette conversation, B. lui raconta la blague du soldat agonisant, que nous avons déjà citée. L'instituteur avait entendu la blague dans un café où, d'après des témoins de l'époque, les paysans du coin se la racontaient tout haut. Sur le chemin du retour, le curé Müller rencontra par hasard le père du maître artisan de Düngen, qui était gravement malade. Pour égayer un peu l'homme, mais peut-être aussi pour faire taire le fils, qui s'était joint à eux et se livrait en sa présence à des plaisanteries antireligieuses, le curé raconta la blague qu'il venait d'entendre. Le jeune maître artisan N. alla trouver immédiatement l'*Ortsgruppenleiter* (chef de groupe local) adjoint du NSDAP, pour dénoncer le prêtre. Une première pierre de l'édifice avait été retirée ; d'autres suivraient.

Quand les nazis de Groß Düngen firent part de l'incident à la Gestapo de Hildesheim, le destin suivit son cours. Des agents secrets firent soudain irruption dans l'église en plein milieu des messes ; ils prirent ostensiblement place dans l'allée centrale et se mirent à gribouiller dans leurs bloc-notes. Le curé fut ensuite convoqué à la Gestapo ; après l'interrogatoire, on le laissa d'abord en liberté, car les gestapistes de Hildesheim attendaient les instructions du *Reichssicherheitshauptamt* (Office central de la sécurité du Reich – RSHA), qui se chargea aussi de l'affaire. La machine infernale de l'État de non-droit, ce système perfide ne fonctionnant qu'avec l'aide de dénonciateurs comme le jeune maître artisan, se mit péniblement en marche. Les prêtres opposants figuraient de toute façon tout en haut de la liste noire des nazis : pas plus tard que l'année précédente, le curé de la paroisse de Harzburg, qui dépendait aussi de Hildesheim, avait été assassiné au *Pfaffenblock* (bloc des prêtres) du camp de concentration de Dachau.[103]

Dans le courant du trimestre qui suivit, Joseph Müller fut régulièrement convoqué à la Gestapo. À chaque interrogatoire, il insista sur le fait qu'il n'avait pas du tout voulu raconter une blague sur le Führer : l'histoire du soldat agonisant aurait été en réalité une parabole chrétienne de l'« esprit du sacrifice » ; il aurait ainsi voulu redonner courage au père du maître artisan N. Müller resta fidèle à cette étrange ligne de défense pendant les mois qui suivirent. Malgré toutes les menaces, il refusa de donner le nom de l'instituteur de village qui lui avait raconté la blague. Ces déboires ne suffisaient toutefois pas encore à son malheur : la Cour de justice populaire, de sinistre mémoire, s'immisça dans l'instruction en cours, insistant pour que le « défaitiste » soit rapidement arrêté.

Entre-temps, le dénonciateur N. avait eu des remords ; il rencontra secrètement le prêtre dans un restaurant du village voisin et fit preuve de repentir lors de la conversation, mais sa tentative d'arrêter l'instruction en revenant sur sa dénonciation s'avéra infructueuse : le 11 mai 1944, Müller fut arrêté dans son presbytère. Les témoins contemporains de l'époque racontèrent que les policiers entrèrent par derrière, afin d'empêcher une fuite du curé. Celui-ci fut d'abord emprisonné quelques jours à Hildesheim. La Gestapo le transféra ensuite à la maison d'arrêt de Berlin-Moabit, invoquant comme

103. Cf. Scharf-Wrede, p. 16.

prétexte qu'une affection aiguë de l'estomac devait y être soignée en milieu hospitalier. Le 15 juillet, l'acte d'accusation de la Cour de justice populaire fut présenté au curé de Groß Düngen. Le procès pour « atteinte à la capacité de défense » eut lieu à peine vingt-et-un jours plus tard – quelques jours seulement après l'attentat manqué de Stauffenberg contre Hitler. On aurait pu difficilement imaginer pire date pour l'accusé : l'État voulait cette fois faire des exemples. Quatre courageux citoyens de Groß Düngen qui s'étaient portés témoins à décharge ne purent même pas comparaître. Le procès mis en scène par le président Roland Freisler fut un simulacre terrifiant : Freisler interrompait l'accusé sans arrêt en poussant d'horribles hurlements. Comme Oskar Müller, le frère du prêtre, le raconta plus tard, Freisler ne cessa de faire des blagues antichrétiennes pendant l'audition des témoins.

> *Freisler organisa l'audition des témoins en tous points comme il le voulait. Il convient de rappeler que, même pendant l'audition des témoins, Freisler se permettait constamment des blagues et des attaques violentes ou même cyniques contre la chrétienté, le pape, les évêques, les prêtres et les institutions religieuses, allant jusqu'au blasphème dans le cas d'une blague racontée par un témoin, qui traînait ignoblement dans la boue et le ridicule la croyance chrétienne dans le Ciel et l'Enfer. Comble de l'ironie, c'est Freisler lui-même qui dut aider le témoin à trouver les mots pour formuler sa raillerie grossière. L'audition des preuves montra qu'au sein du parti nazi, on trouvait nécessaire de tenir à l'œil le curé de Groß Düngen, parce que son activité – c'est-à-dire sans doute le zèle dont*

le prêtre faisait preuve parmi les jeunes de sa paroisse – anéantissait tout ce que le parti y avait bâti.[104]

Ce n'était donc pas le délit qui faisait l'objet de ce procès : il s'agissait bien plus d'un règlement de comptes général avec un système de croyance qui contredisait le national-socialisme.

Freisler était capable d'argumenter de façon cohérente, même pendant ses accès de colère en apparence incontrôlée : les procès-verbaux de ces procès prouvent qu'il avait une présence d'esprit incroyable, y compris dans ses excès les plus diaboliques. Freisler était sans aucun doute un homme perspicace ; au moment du procès de Joseph Müller, il devait se douter que l'Allemagne allait perdre la guerre : en 1944, c'était une évidence, du moins pour tout être lucide. Mais à ce que lui dictait sa raison, Freisler opposait une foi quasi religieuse dans le Führer et la « victoire finale ».[105] Celui qui remettait cette foi en question ébranlait les bases fragiles des convictions de Freisler : pendant l'avant-dernière année de la guerre, le fossé entre l'utopie nationale-socialiste et la réalité était devenu si grand que seul un tour de force intellectuel permettait de leur trouver un dénominateur commun. Pour Freisler, les représentants du christianisme n'étaient que des hérétiques le menaçant, dès lors qu'ils opposaient au national-socialisme un mode de croyance concurrent. Là résidait la raison de son acharnement à avoir toujours le dernier mot, qui s'exprimait sous forme de cris hystériques et de tirades méprisantes contre les « curetons ».

104. Cf. Müller, p. 21 ; notre trad.
105. Cf. Koch, p. 231.

L'objet du procès contre Müller n'était ni une blague ni les propos « défaitistes » d'un individu isolé, mais un combat désespéré pour défendre l'idée poussée à l'extrême, et donc vulnérable, selon laquelle le national-socialisme pouvait encore vaincre ses ennemis par le seul acte de la volonté. Aux yeux de Freisler, face aux signes de désintégration que présentait la société nationale-socialiste depuis l'attentat contre Hitler, seule une condamnation à mort était envisageable. La brèche sur le « front de l'intérieur » ne pouvait être colmatée que dans un bain de sang : c'est ce que nous disent les attendus de ses jugements. Dans le cas de Müller, le procès se termina, comme souvent, par une orgie de cris terribles.

> *Suivit alors un de ces accès de colère de Freisler, au cours duquel il se mit à pousser des cris, reprochant d'une manière inqualifiable à la pauvre victime tout ce qui était possible dans le genre conspiration, haine et volonté de destruction du national-socialisme en plein milieu d'une guerre où il y allait de la survie du Reich. Freisler lui dit qu'il s'était incrusté comme un ver dans la chair du peuple allemand et avait ainsi sapé sa volonté de se défendre. Pour un tel acte, il n'y avait, selon lui, qu'un seul mode d'expiation : la peine de mort.*[106]

Le 11 septembre 1944 à treize heures, Müller fut conduit sur les lieux de l'exécution et guillotiné à treize heures quatre. Comme c'était la règle dans l'Allemagne nationale-socialiste, tout fut consigné et certifié à la

106. Müller, p. 25 ; notre trad.

minute près. La facture[107] mentionnant les frais de cet acte sanguinaire fut envoyée par la poste aux héritiers de la victime et toute manifestation d'hommage fut strictement interdite. À Groß Düngen, on fit « amicalement » savoir à la tenancière d'un café qu'elle figurait tout en haut de la liste des gens à abattre, car on parlait beaucoup trop du mort dans son établissement. L'appareil répressif prouva ainsi son efficacité dans les derniers mois précédant son effondrement. Mais Roland Freisler ne survécut à sa victime que quelques mois : au début février 1945, il trouva la mort lors d'un bombardement.

« Porte-toi bien et entretiens ma tombe » – La fin

En 1944, la guerre était définitivement perdue pour l'Allemagne. Même le commandant en chef du front Ouest, Gerd von Rundstedt, reconnut secrètement en septembre que plus rien ne pouvait empêcher l'effondrement militaire total du Reich nazi.[108] Tous les obstacles avaient été brisés depuis le débarquement allié en Normandie. Le 25 août, les Français et les Américains libérèrent Paris. Le corps expéditionnaire allié, qui voyait ses effectifs augmenter sans cesse, volait entretemps de victoire en victoire. La troisième armée du général Patton progressa particulièrement vite, fonçant depuis Metz en direction de la Moselle. À la tête de la septième armée, le général Alexander Patch, qui avait débarqué sur les côtes françaises de Méditerranée au

---

107. Voir p. 241-242.
108. Cf. Shirer, p. 595.

mois d'août, remonta la vallée du Rhône à la vitesse de l'éclair ; au même moment, la première armée anglo-canadienne, sous le commandement du maréchal Montgomery, libérait Bruxelles ainsi que la ville portuaire d'Anvers, dont l'importance stratégique était grande. Certains jours, les immenses colonnes de chars des forces alliées parcouraient quatre-vingts kilomètres et plus. La Wehrmacht n'avait plus grand-chose à leur opposer et, au mépris de toute raison, le Führer mobilisa l'ensemble des ressources qui lui restaient. Au lieu de contrer par des mouvements de troupes rapides l'avancée du corps expéditionnaire qui venait de débarquer, Hitler donna l'ordre à la Wehrmacht de résister à tout prix, comme pendant le désastre de Stalingrad : des bastions particulièrement prestigieux furent défendus en dépit de tout bon sens, jusqu'à ce que les unités allemandes encerclées fussent anéanties. Le Führer s'en préoccupait peu : il préférait travailler à un plan de contre-offensive tout à fait utopique, qui scellerait bientôt la fin de son armée.

Sur d'autres champs de bataille situés, eux, à la périphérie du Reich complètement à bout de souffle, la situation était encore pire. Malgré le général Rommel et l'aura de propagande entourant son expédition, l'Afrique du Nord était tombée aux mains des Britanniques. Hitler ne comprit sans doute jamais l'importance stratégique de cette perte. Son peuple vit la chose avec plus de lucidité et baptisa aussitôt la chute de Tunis « Tunisgrad », en référence à la défaite de Stalingrad. Mais c'est à l'Est, où étaient massées d'immenses forces armées soviétiques, que la situation était la plus inquiétante : l'offensive d'été de l'Armée rouge, contre laquelle les généraux allemands avaient constamment et instamment mis en garde leur commandant suprême, déferlait sur l'Europe orientale. Au mois d'août, les unités russes, qui progressaient par vagues de plus en plus rapides, avaient anéanti le groupe d'armées Centre, conquis la Roumanie avec ses champs pétrolifères stratégiques et atteint la frontière de la Prusse orientale.[109]

Comme la guerre allait inévitablement atteindre le sol allemand quelques semaines plus tard et que plus rien ne pouvait s'y opposer, la machine de propagande de Goebbels tenta de remonter le moral de l'opinion publique à l'aide d'un nouveau tour de passe-passe : la presse diffusa de façon ciblée des bruits selon lesquels les scientifiques nazis travaillaient à une « arme miracle », qui provoquerait au dernier moment un tournant dans la guerre. Cette nouvelle comportait une part de vérité dans la mesure où, depuis juin 1944, la bombe volante V1 (*Vergeltungswaffe* – arme de représailles) était disponible. Depuis le mois de septembre, une nouvelle « pièce de maître », la fusée à combustible liquide V2, l'était aussi. Les deux missiles étaient en effet des miracles de la technique, sans pour autant constituer des armes susceptibles d'influencer de façon notable les rapports de force militaires : le V1 ratait généralement sa cible et était en outre tellement lent que les chasseurs d'interception britanniques pouvaient l'abattre facilement ; avec ses 5 500 km/h, le V2 ne pouvait, lui, pas être rattrapé, mais il resta tout aussi insignifiant sur le plan militaire. L'assemblage des engins diaboliques de Wernher von Braun au camp de concentration

109. Cf. Shirer, p. 593.

souterrain de « Dora Mittelbau » coûta la vie à plus de 10 000 travailleurs forcés. Absurdité tragique du programme de fusées allemand : la production des V2 fit plus de morts que leur utilisation.

Il est aujourd'hui impossible de savoir combien de personnes tombèrent dans le panneau de l'« arme miracle ». Nombreuses furent celles qui plaçaient leurs espoirs dans les V1 et V2 ; face à la défaite, les Allemands s'accrochaient à la moindre planche de salut. Il existait cependant un nombre indéterminé de « défaitistes » qui ne faisaient pas preuve de la même crédulité que leurs contemporains : c'est ce que prouvent les surnoms irrespectueux, tels *Volksverdummungsmittel* (« engin de crétinisation du peuple »), *Verzweiflungsmittel* (« solution du désespoir ») ou tout simplement *Versager n° 1* (« raté n° 1 »), attribués au V1 dans le langage populaire. Les raconteurs de blagues, qui n'étaient jamais en mal d'imagination, inventèrent de nouvelles armes miracles : le V3 par exemple, une grande fusée au rayon d'action de 4 000 km, capable de revenir sur terre automatiquement avec des prisonniers à bord ; le V4, un immense panzer avec un équipage de 100 hommes (« 4 hommes sont à l'intérieur, les 96 autres poussent ») et enfin le V15, un grand drapeau blanc à agiter visiblement à l'approche des Alliés.

Les U-Boote ultramodernes de type XXI étaient, eux, une « arme miracle » à prendre vraiment au sérieux : ils pouvaient rester sous l'eau pendant 100 heures, sans faire surface. Ces engins sous-marins très difficiles à repérer auraient effectivement pu provoquer de gros dégâts. Ils furent toutefois mis au point beaucoup trop tard pour être fabriqués en série et influencer la guerre navale de façon notable. L'histoire des sous-marins pendant la seconde guerre mondiale se résuma donc à une série de catastrophes, de pertes totales, de cercueils flottants. Il subsista comme toujours un fossé béant entre les effets d'annonce de la propagande et la réalité, ce qu'une blague récurrente dans des sources et variantes multiples ne manqua pas d'épingler :

> « *Tu savais que la marine avait une nouvelle arme miracle ? – Non, laquelle ? – Un sous-marin avec deux hommes à bord et une paroi en caoutchouc d'1,4 mètres d'épaisseur. – C'est une protection contre les rayons émis par les sonars ? – Oh non, le sous-marin fait tout le temps le tour de l'Angleterre, pour l'effacer !* »

La population se préoccupait moins des chimères de Goebbels que de sa propre survie. L'Allemagne était bombardée depuis 1940. Alors que des films de 1942 nous montrent encore Berlin comme s'il y régnait une paix absolue, la capitale se transforma lentement, mais sûrement, en un tas de décombres. Il circulait dans les rues un bruit pas tout à fait sérieux, selon lequel le général Rommel allait être nommé Gauleiter de Berlin, parce que c'était lui qui connaissait le mieux le désert. Enfant, un témoin de l'époque était passé devant le Palais des sports, que les bombardements aériens avaient gravement endommagé, et un camarade de classe lui avait dit : « Maintenant, la *Bunte Bühne* [théâtre de variétés] de *Bums Been* est toute cramée ! » « *Bums Been* » (Jambe clopinante) était un sobriquet peu flatteur pour Joseph Goebbels, qui était handicapé du pied ; en 1943, dans ce même Palais des sports, il avait exhorté le peuple à apporter son soutien à la « guerre totale ».

Berlin souffrit énormément de la guerre, qui frappait maintenant l'Allemagne de plein fouet. La Luftwaffe de Göring était en pleine déliquescence et ne pouvait rien opposer aux attaques des milliers de bombardiers alliés. Göring avait portant claironné que jamais un avion ennemi n'atteindrait l'Allemagne. Cette promesse, si ouvertement transgressée, fut une des rares choses que les masses ne pardonnèrent pas du tout à Göring. La rumeur veut que, vers la fin de la guerre, quand l'humour était de plus en plus noir, la blague suivante, extrêmement cynique, ait circulé :

Le règne nazi est terminé. Le jugement a été prononcé. Hitler, Göring et Goebbels sont pendus. Göring, qui veut avoir une dernière fois raison, se tourne vers Goebbels et lui dit en râlant : « Je t'ai toujours dit que ça se déciderait dans les airs. »

Les blagues sur les dirigeants politiques se firent de plus en plus insultantes. L'une d'elles, que les contemporains racontaient sous différentes formes à Vienne, Berlin et Cologne, était dirigée contre Hitler en personne. Cette boutade sarcastique était enrobée dans une petite histoire :

Hitler et son chauffeur parcourent le pays en voiture. Soudain, boum ! Une collision ! Ils ont écrasé une poule. Hitler au chauffeur : « Il faut le signaler au paysan. Laissez-moi faire, je suis le Führer, il comprendra. » Deux minutes plus tard, Hitler revient en courant et en se tenant le derrière – le paysan l'a tabassé. Ils continuent leur route. Mais soudain, boum, plach ! De nouveau un accident ! Ils ont écrasé un cochon. Hitler au chauffeur : « Cette fois-ci, vous allez vous-même chez le paysan ! » Le chauffeur obéit, mais ne revient qu'après une heure, complètement saoul et avec un panier plein de saucisses et de cadeaux en main. Hitler, totalement abasourdi : « Mon Dieu, qu'est-ce que vous avez raconté au paysan ? » Là-dessus le chauffeur : « J'ai seulement dit : "Heil Hitler, le cochon est mort !" – Alors, ils m'ont offert ces cadeaux. »

Hitler était tombé bien bas : dans la perception des gens, il n'était plus le Führer égal de Dieu, mais seulement un cochon. Pour la majorité des Allemands, l'ennemi se trouvait toutefois ailleurs, à Londres, Moscou, Washington. Nuit après nuit, les immenses escadrilles de bombardiers alliés lançaient toutes les heures des attaques sur les villes allemandes. Devant l'échec manifeste de la Luftwaffe, le « Führer » fit construire à Berlin et à Hambourg des citadelles géantes équipées de batteries antiaériennes guidées par radar, afin d'abattre les avions ennemis. Ralph Wiener a raconté comment des inconnus avaient paraphrasé une chanson de soldats bien salée et que celle-ci avait ensuite circulé parmi les soldats, avec pour paroles :

Sur le toit du monde,
Il y a une DCA
Elle tire toute la nuit
Mais elle ne touche jamais ![110]

110. Notre trad.

Le tube *Es geht alles vorüber, es geht alles vorbei*, chanté par Lale Andersen dans le film kitsch du même nom, datant de 1942, fut aussi paraphrasé. Les paroles de l'original étaient :

Tout passe dans la vie,
Tout passe avec le temps, [...]
Pour les cœurs fidèles,
Il reste l'amour.[111]

Lucie Mannheim, une Juive émigrée à Londres, chanta pour les émissions en langue allemande de la BBC une version améliorée de la chanson, dont les paroles étaient :

Tout passe dans la vie,
Tout passe avec le temps[112],
Adolf Hitler le premier,
Suivi bientôt du parti[113].

Et l'hiver s'oublie,
Quand vient le printemps[114].
Adolf Hitler sera loin
Et tous ses bonzes aussi.[115]

La rengaine, mélancolique et antinazie, devint un tube clandestin en Allemagne : les paroles circulaient également sans mélodie et dans différentes versions sous forme tantôt de poème politique, tantôt de blague ;

111. Dolys et Thoreau.
112. Dolys et Thoreau.
113. Notre trad.
114. Dolys et Thoreau.
115. Notre trad.

cette dernière mouture figurait par ailleurs fréquemment dans les dossiers du SD et de la Gestapo. La chanson de propagande de Lucie Mannheim était tellement facile à retenir et si ingénieuse qu'on peut voir en elle l'idée la plus efficace du département satirique du programme en langue allemande.

En 1944, rien n'était passé et rien n'était fini. Au tonnerre des bombardiers alliés s'ajouta celui de la propagande implacable de Goebbels, fantasmant sans cesse à propos de « représailles ». Ces mesures en guise de « représailles » des bombardements sur les villes allemandes prirent surtout la forme d'une offensive insensée en France, dans laquelle ce qui restait de la Wehrmacht fut envoyé au massacre. L'armée allemande était dans un tel état de délabrement qu'Hitler appela le 25 septembre 1944 le *Volkssturm* (assaut du peuple) sous les drapeaux. Cette dernière levée était composée de jeunes hitlériens ayant suivi une formation rapide au maniement du *panzerfaust* antichar, ainsi que d'hommes ayant jusqu'à 60 ans, inaptes au service. Cette milice faisant peine à voir ne put rien faire contre les unités aguerries et bien équipées de l'Armée rouge toute proche ni contre les alliés occidentaux. À la fin de la guerre, pas moins de 170 000 membres du *Volkssturm* furent portés disparus – la majorité d'entre eux étaient très probablement morts. Le sacrifice d'enfants et de vieillards dans un combat d'arrière-garde absurde devint une source d'inspiration poétique :

Hanneton, vole, vole !
Ton père est à la guerre,
Ils enrôlent ton grand-père,

C'est ça les représailles,
Hanneton, vole, vole[116].

Une plaisanterie tout aussi macabre avait pour décor un cimetière : quelqu'un y demandait à un homme en train de manier une pelle s'il déterrait des remplaçants pour le *Volkssturm*. Dans le contexte de l'époque, où l'Allemagne déployait ses toutes dernières forces, il n'était plus possible de faire de l'humour qui ne soit pas de l'humour noir.

Qui a de l'or dans la bouche, de l'argent dans les cheveux et du plomb dans les membres ? Réponse : un membre du Volkssturm.

Une blague circulant sous différentes versions faisait du *Volkssturm* l'« arme miracle » dont on rêvait depuis si longtemps : à sa vue, les Russes mourraient certainement de rire et la guerre serait alors gagnée. La population devait éprouver de la pitié pour ces retraités (« HJ cru tardif ») et ces adolescents en uniforme : on disait sur un ton ironique qu'on enverrait bientôt la génération de 1943 au front dans une voiture d'enfant ; Hindenburg aurait en outre demandé un congé à saint Pierre, parce que sa classe d'âge était aussi incorporée. Indépendamment de leur caractère irrespectueux, ces blagues étaient nées du désespoir et pas seulement de la hargne méprisante envers la chair à canon du *Volkssturm*.

D'autres signes avant-coureurs firent cependant comprendre à la population civile que la fin de la guerre était proche. Hitler, se souvenant des expériences de

116. Notre trad.

la première guerre mondiale, avait toujours veillé à ce que les Allemands soient suffisamment approvisionnés en vivres. Il ne le faisait pas par souci de leur bien-être, mais pour renforcer le moral sur le *Heimatfront* (front de l'arrière). Pour que le ravitaillement des Allemands soit garanti, les territoires occupés furent pillés sans scrupules ; les Polonais et les Ukrainiens firent en particulier les frais de ces mesures. Mais au cours des derniers mois, de plus en plus de pays conquis furent perdus. Les voies de ravitaillement étaient en outre bloquées par les bombardements. Dès lors, l'approvisionnement se dégrada à vue d'œil en Allemagne. La population civile allemande ne souffrit peut-être pas de la faim comme les pays qui subissaient le joug de l'occupation, mais les gens durent se serrer beaucoup plus la ceinture : ils pestèrent violemment contre les restrictions, tout en ignorant avec soin le fait que des régions entières avaient été saignées à blanc pour maintenir un niveau alimentaire supportable en Allemagne. Les Viennois prirent le problème du rationnement avec humour ou, plus précisément, avec cet humour mordant, propre depuis toujours à leur ville.:

> *Hitler, Göring, Goebbels et le ministre de l'Alimentation Backe en réunion de guerre. Hitler à Göring : « Nous avons des avions et du carburant pour combien de temps ? » Göring : « Cinq ans, mein Führer ! » Hitler à Goebbels : « Combien de temps pouvons-nous encore faire patienter le peuple avec la propagande ? » Goebbels : « Dix ans, mein Führer ! » Hitler à Backe : « Et pendant combien de temps pouvez-vous encore nous alimenter ? » Backe : « Vingt ans, mein Führer ! » Hitler, avec son énergie*

coutumière : « Dans ce cas, nous pouvons encore faire la guerre pendant longtemps ! » Backe intervient à nouveau, tout timide : « Je voulais dire nous quatre seulement ! »

Le plan des Alliés, consistant à bombarder l'Allemagne de façon ininterrompue afin de démoraliser la population, avait échoué, mais les Allemands avaient désormais la nette impression qu'ils risquaient d'être affamés par l'ennemi. Ce fut là un autre sujet de blague, tout à fait typique des deux dernières années de guerre : son humour, noir et empli de résignation, est très différent de celui de la phase euphorique de la Blitzkrieg.

Churchill effectue un vol de reconnaissance au-dessus de l'Allemagne. Il rentre, désespéré, en disant : « Pas moyen d'affamer les Allemands ; ils se sont si bien approvisionnés que les sacs débordent par les soupiraux.[117]

La population civile, composée essentiellement de femmes, d'enfants et d'invalides, passait toutes les nuits dans des abris antiaériens. Au début, la sirène d'alarme les prévenait une bonne demi-heure avant le commencement du bombardement ; dans le chaos des derniers mois, elle ne retentit plus que quelques minutes avant les premiers impacts. Celui qui ne pouvait pas se réfugier à temps dans les bunkers était exposé sans défense aux tapis de bombes. Le journal d'une narratrice anonyme nous donne un aperçu de l'atmosphère qui régnait en sous-sol, dans les caves, avec un éclairage de fortune

117. Remarque de l'auteur : Il s'agit des sacs de sable placés devant les soupiraux en guise de protection contre les éclats.

vacillant. *Eine Frau in Berlin* (« Une femme à Berlin ») décrit le point de vue de ceux qui racontaient des histoires drôles pendant les derniers jours du IIIe Reich, à un moment où ces blagues connurent leur plus grande diffusion :

> *Dans la cave, 22 heures. Après la soupe vespérale, je me suis octroyé une petite détente dans mon lit, puis j'ai filé en bas. Toute la communauté habituelle était au complet. Aujourd'hui, peu de coups de feu et, bien que toutes les conditions soient réunies, jusqu'ici pas d'attaque aérienne. Une sorte de gaieté fébrile se propage dans l'assemblée. Des tas d'histoires se mettent à circuler. Mme W. s'écrie : « Plutôt un Ivan sur le ventre qu'un Amerloque par-dessus la tête. » Un bon mot qui sied mal au crêpe noir qu'elle porte en signe de deuil. Mlle Behn crie à la cantonade : « Allez, faut être honnête... y en a plus tellement de vierges ici... »*[118]

Vers la fin de la guerre, l'est de l'Allemagne n'était pas seulement exposé aux bombardements ennemis : les « armes miracles » de la seconde guerre mondiale, des batteries lance-roquettes primitives, baptisées « orgues de Staline » à cause de leur rugissement lors du lancement, se rapprochaient de plus en plus. Ces engins peu précis, qui pouvaient tirer jusqu'à 54 roquettes par coup, eurent un effet désastreux. Les Berlinois rebaptisèrent leurs quartiers : on racontait que les arrêts d'une nouvelle ligne de bus s'appelaient *Reichstrümmerfeld* (Champ de ruines du Reich), *Klamottenburg* (Château

118. Anonyme, p. 32-33.

en loques), *Neustehnix* (Neuriendebout) et *Trichterfelde-West* (Cratère de bombe-ouest). Les gens se saluaient en se souhaitant « Une bonne nuit sans éclats de bombes » ou, tout simplement, « Porte-toi bien et entretiens ma tombe ».

Pendant la dernière année de la guerre, tout se passa en accéléré. La dernière offensive désespérée d'Hitler à l'ouest échoua lamentablement après un mois : la fin était prévisible. L'Armée rouge déferla sur la région minière de Silésie. « La guerre est perdue », annonça sèchement le ministre de l'Armement Speer dans un mémorandum adressé à son Führer.[119] Le 9 avril 1945, Königsberg, qualifiée de « forteresse » par Goebbels, mais complètement détruite depuis, se rendit. Le 23 avril, la bataille pour la capitale battait déjà son plein. L'Armée rouge dut conquérir Berlin rue après rue. À Vienne aussi, le IIIe Reich fut défendu jusqu'au bout et avec acharnement : dans l'arrondissement de Simmering, on se battit maison par maison. Malgré cette volonté de résistance, l'État germanique d'Hitler vit son territoire se rétrécir comme peau de chagrin. Le peuple, lui, faisait preuve d'humour noir.

Un homme à un autre : « Dis-donc, qu'est-ce que tu vas faire après la guerre ? – Je vais enfin prendre congé et voyager partout dans la Grande Allemagne. – Et que feras-tu l'après-midi ? »

Une question récurrente apparaissait dans les blagues de l'époque : qu'allait faire Hitler après la guerre ?

119. Cf. Shirer, p. 608.

Comme la défaite était inéluctable, ce sujet était tout à fait d'actualité. Paul Kraft, un témoin berlinois, raconte :

> *« Pourquoi le Führer fait-il le salut hitlérien si bizarrement ? »* (Hitler se contentait souvent de plier brièvement le bras droit avec la paume de la main en oblique vers le haut). *Réponse : « Parce qu'il voudrait devenir garçon de café après la défaite ! »*

Le 30 avril, toute spéculation devint inutile : tandis que les Russes réussissaient à atteindre la chancellerie du Reich, plusieurs étages sous eux, Hitler se tirait une balle dans la tête. Aucune blague ne nous a cependant été transmise sur le suicide du Führer : en dépit de toute la démystification intervenue pendant les derniers mois, la population fut choquée par la mort d'Hitler. Nombreux étaient les Allemands qui avaient vénéré leur dictateur jusqu'à la dernière minute, faisant ainsi preuve d'une naïveté aux relents puérils et difficile à comprendre de notre point de vue. Dorénavant, plus personne n'avait envie de plaisanter.

Heinz Rühmann dans Der Gasmann *(« Un petit homme »), 1939*

Ludwig Schmitz (à gauche) et Jupp Hussels dans Tran und Helle

To Be or not to Be *(« Jeux dangereux »), 1942*

Une pause pendant le tournage de The Great Dictator
(« Le Dictateur »), 1940

Fritz Muliar, photo prise vers 1941

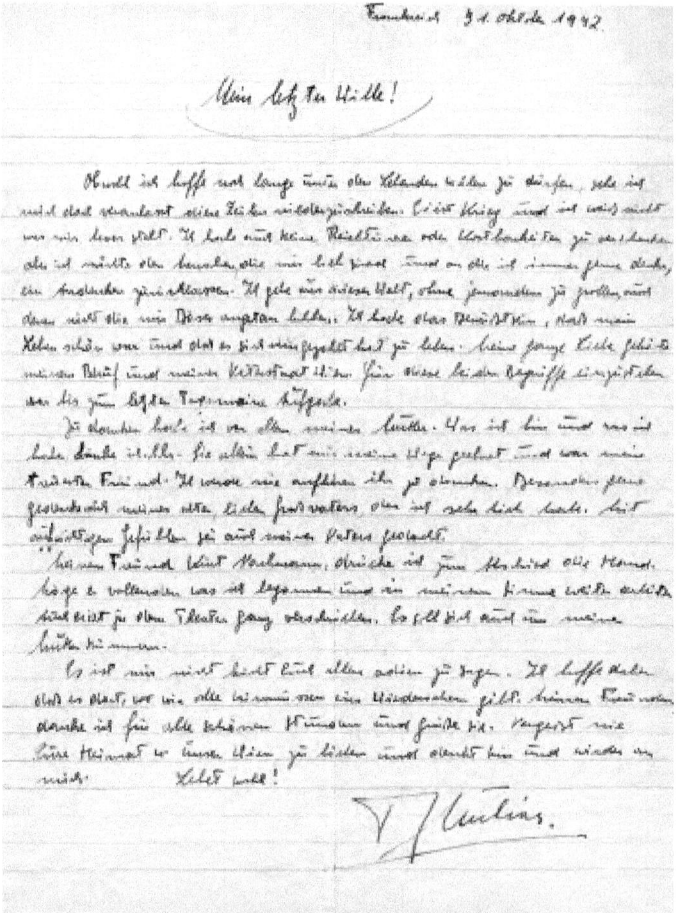

Frankreich 31. Oktober 1942

Mein letzter Wille!

Obwohl ich hoffe noch lange unter den Lebenden weilen zu dürfen, sehe ich mich doch veranlaßt meinen Willen niederzuschreiben. Es ist Krieg und ich weiß nicht was mir bevor steht. Ich habe auch keine Reichtümer oder Wertsachen zu verteilen, aber ich möchte den Menschen, die mir lieb waren und an die ich immer gerne dachte, ein Andenken zurücklassen. Ich gehe aus dieser Welt, ohne jemandem zu grollen, auch denen nicht die mir Böses angetan haben. Ich habe das Bewußtsein, daß mein Leben schön war und daß es sich wirklich gelohnt hat zu leben. Meine ganze Liebe gehörte meinem Beruf und meiner Vaterstadt Wien. Für diese beiden Begriffe einzutreten war bis zum letzten Tag meine Aufgabe.

Zu danken habe ich vor allem meiner Mutter. Was ich bin und was ich habe danke ich ihr. Sie allein hat mir meine Wege geebnet und war mein treuester Freund. Ich werde nie aufhören ihr zu danken. Besonders gerne gedenke ich meines alten lieben Großvaters, den ich sehr lieb hatte. Mit aufrichtigen Gefühlen sei auch meines Vaters gedacht.

Meinem Freund Kurt Nachmann, drücke ich zum Abschied die Hand. Möge er vollenden was ich begonnen und in meinem Sinne weiter arbeiten, sind beide ja dem Theater ganz verschrieben. Er soll sich auch um meine Mutter kümmern.

Es ist mir nicht leicht Euch allen adieu zu sagen. Ich hoffe aber daß es dort, wo wir alle hinkommen ein Wiedersehen gibt. Meinen Freunden danke ich für alle schönen Stunden und grüße sie. Vergeßt nie Eure Heimat u. Euer Wien zu lieben und denkt hin und wieder an mich.

Lebet wohl!

F. Muliar.

Le testament (Mes dernières volontés) de Fritz Muliar,
âgé de 22 ans à l'époque (octobre 1942) : la lettre

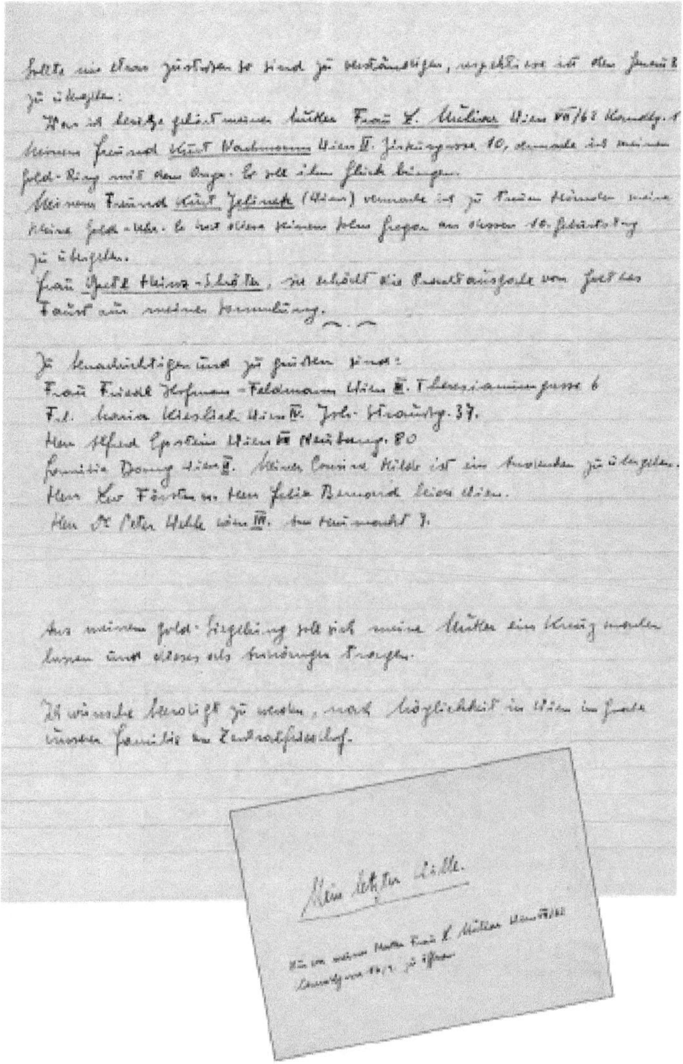

Les dernières volontés de Fritz Muliar : il lègue sa bague en or sertie d'onyx à Kurt Nachmann, sa montre en or à Kurt Jelinek et son exemplaire de Faust *à Grete Heinz-Schröter*

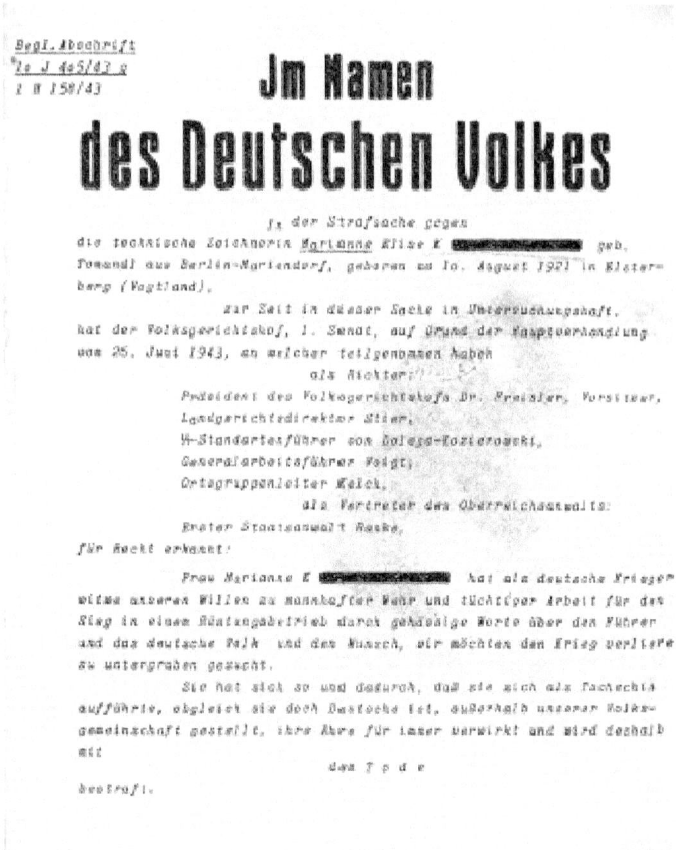

Begl. Abschrift
1o J 4o5/43 g
1 H 158/43

Jm Namen
des Deutschen Volkes

In der Strafsache gegen

die technische Zeichnerin Marianne Elise K[redacted] geb. Tomandl aus Berlin-Mariendorf, geboren am 1o. August 1921 in Elsterberg (Vogtland),

zur Zeit in dieser Sache in Untersuchungshaft,

hat der Volksgerichtshof, 1. Senat, auf Grund der Hauptverhandlung vom 25. Juni 1943, an welcher teilgenommen haben

als Richter:

Präsident des Volksgerichtshofs Dr. Freisler, Vorsitzer,
Landgerichtsdirektor Stier,
SS-Standartenführer von Golesa-Koziorowski,
Generalarbeitsführer Voigt,
Ortsgruppenleiter Kelch,

als Vertreter des Oberreichsanwalts:

Erster Staatsanwalt Weska,

für Recht erkannt:

Frau Marianne K[redacted] hat als deutsche Kriegerwitwe unseren Willen zu mannhafter Wehr und tüchtiger Arbeit für den Sieg in einem Rüstungsbetrieb durch gehässige Worte über den Führer und das deutsche Volk und den Wunsch, wir möchten den Krieg verlieren zu untergraben gesucht.

Sie hat sich so und dadurch, daß sie sich als Tschechin aufführte, obgleich sie doch Deutsche ist, außerhalb unserer Volksgemeinschaft gestellt, ihre Ehre für immer verwirkt und wird deshalb mit

dem T o d e

bestraft.

Copie du jugement de la Cour de justice populaire condamnant Marianne K. à la peine de mort (26 juin 1943)

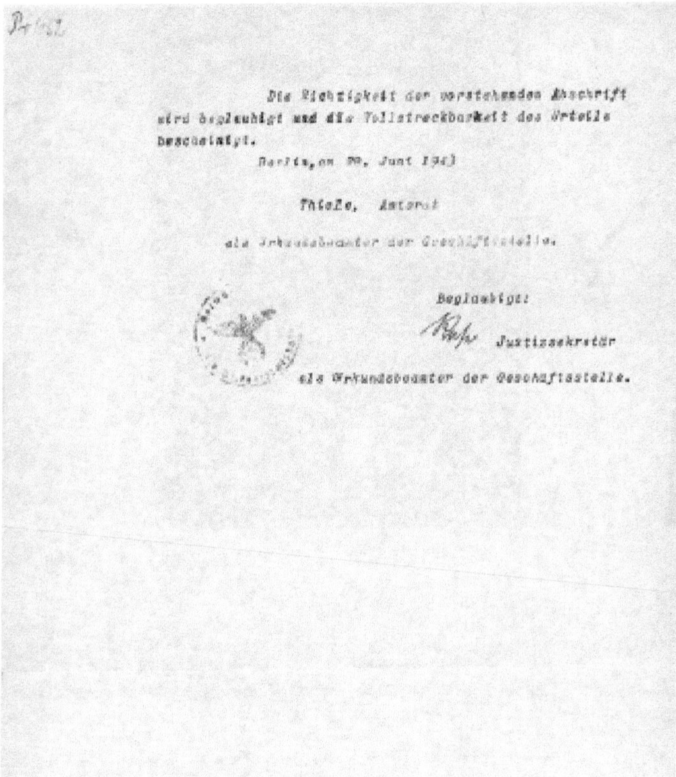

Die Richtigkeit der vorstehenden Abschrift wird beglaubigt und die Vollstreckbarkeit des Urteils bescheinigt.

Berlin, den [illegible]. Juni [illegible]

Thiele, Amtsrat

als Urkundsbeamter der Geschäftsstelle.

Beglaubigt:

Justizsekretär

als Urkundsbeamter der Geschäftsstelle.

Copie du jugement condamnant Marianne K. (suite).
Les « défaitistes » étaient sévèrement punis.

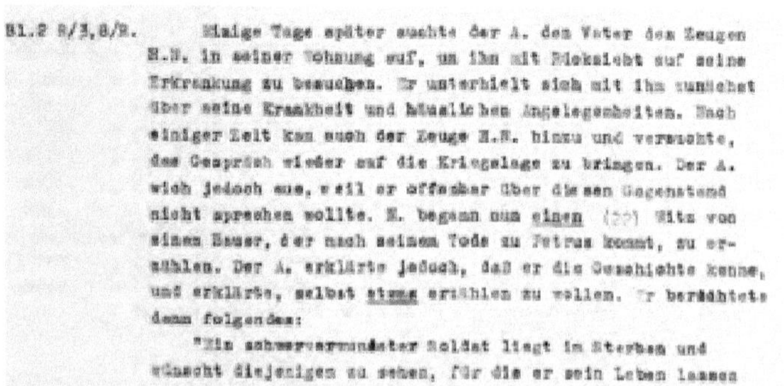

Bl.2 R/3,8/R. Einige Tage später suchte der A. den Vater des Zeugen H.N. in seiner Wohnung auf, um ihn mit Rücksicht auf seine Erkrankung zu besuchen. Er unterhielt sich mit ihm zunächst über seine Krankheit und häuslichen Angelegenheiten. Nach einiger Zeit kam auch der Zeuge H.N. hinzu und versuchte, das Gespräch wieder auf die Kriegslage zu bringen. Der A. wich jedoch aus, weil er offenbar über diesen Gegenstand nicht sprechen wollte. N. begann nun einen (??) Witz von einem Bauer, der nach seinem Tode zu Petrus kommt, zu erzählen. Der A. erklärte jedoch, daß er die Geschichte kenne, und erklärte, selbst etwas erzählen zu wollen. Er berichtete dann folgendes:

"Ein schwerverwundeter Soldat liegt im Sterben und wünscht diejenigen zu sehen, für die er sein Leben lassen muß. Darauf werden je ein Bild des Führers und Reichsmarschalls geholt und zur Rechten und Linken des Sterbenden

Le prêtre Joseph Müller (vers 1943)
– l'acte d'accusation de la Cour de justice populaire

aufgestellt. Dieser sagt darauf: Jetzt sterbe ich wie Christus!!! [Hier deckt sich der Wortlaut nicht mit dem Protokoll der Gestapo, wo steht ... zwischen zwei Verbrechern]

In diesem Augenblick wurde N. von seiner Ehefrau an den im Obergeschoß des Hauses aufgestellten Fernsprecher gerufen und mußte sich deshalb entfernen. Er nahm an, daß der A. durch seine Erzählung hatte zum Ausdruck bringen wollen, wie einst Christus zwischen zwei Schächern gestorben sei, so habe hier der Soldat zwischen zwei Verbrechern sein Leben enden müssen. Darüber, daß der Führer und Reichsmarschall in dieser Weise von dem A. als Verbrecher bezeichnet wurde, war N. auf das tiefste empört. In der Überzeugung, daß der A. eine Gefahr für den Nationalsozialismus sei, wandte er sich an den stellvertretenden Ortsgruppenleiter der NSDAP, den Kolonialwarenhändler Bierk, mit diesem, zunächst mit niemandem darüber das, was er ihm mitteilen würde, zu sprechen, und teilte ihm dann das von dem A. Gehörte mit, um mit ihm zu besprechen, was gegen den Angeschuldigten zu unternehmen sei. Bierk erklärte jedoch, daß sie derartiges nicht für sich behalten dürften und erstattete gegen den A. Anzeige.

III.

Bl.7/8. Der Ang. hat zugegeben, bei den beiden von N. geschilderten Gelegenheiten mit diesem zusammengetroffen zu sein. Nach seiner Darstellung hat er im übrigen N. erklärt, niemand könne sagen, ob der Krieg von Deutschland gewonnen werden würde, oder ob er etwa so wie der erste Weltkrieg enden würde. Die Lage sei ernst. Es würde ihm bitter weh tun, wenn die Jugend aus dem jetzigen Kriege ebenso heimkehren müsse, wie er selbst aus dem ersten Weltkriege. - Der Bolschewismus würde sich aber von den schweren Schlägen, die er erhalten habe, nicht erholen können, sondern verblute sich. - Der Nationalsozialismus sei vom historischen Standpunkt aus betrachtet durch die Arbeitslosigkeit, die Inflation und das Versagen der anderen politischen Systeme zur Macht gelangt. - Bei seiner Unterhaltung mit N. hat er auch davon gesprochen, daß sich Ostarbeiter im Reich in Arbeit befänden. Er habe aber daran keine abfällige Kritik geübt. In seiner Erzählung von dem sterbenden Soldaten habe er lediglich den Tod des Soldaten mit dem Tode Christi vergleichen und darlegen wollen, daß der Soldat wie Christus in Erfüllung einer Aufgabe für eine Idee stürbe.

Le procès du prêtre Joseph Müller – l'acte d'accusation de la Cour de justice populaire (suite).

L'accusé aurait déclaré au maître artisan ne pas savoir si l'Allemagne pourrait gagner la guerre ni si celle-ci se terminerait comme la première. Il lui aurait aussi dit que cela lui ferait mal de voir les jeunes rentrer de cette guerre-ci comme lui de la précédente. Pour sa défense, Müller affirma avoir comparé le soldat mourant au Christ, parce que tous deux étaient morts en défendant une cause.

XI.

Ein bezeichnendes Gerichtsdokument

Abschrift: Gerichtskasse Moabit 13090/44. Anschrift

An die Erben des Joseph Müller
z. Hd. von Herrn Pfarrer Müller
in Achtum, Post Hildesheim.

Stempel der
Gerichtskasse
in Moabit

Reichsanwaltschaft beim Volksgerichtshof — Staatsanwaltschaft.
Geschäftsnummer 5 J 170/44.

Kostenrechnung
in der Strafsache gegen Joseph Müller
wegen Wehrkraftzersetzung.

Lfd. Nr.	Gegenstand des Kostenansatzes und Hinweis auf die angewandte Vorschrift	Wert des Gegenstandes	Es sind zu zahlen RM	Pfg
1	2	3	4	
	Gebühr für die Todesstrafe .		300	—
	Postgebühren		—	24
	Zeugen- u. Sachverständigengebühren		63	50
	Transportkosten		31	—
	Haftkosten a) für die Haft vom 12. Mai 1944 bis 11. September 1944 = 123 Tage à 1,50 RM . .		184	50
	Porto		—	12
			579	36
	Von der Strafanstalt werden eingehen		131	—
			448	36

Absender: Berlin NW 40. Turmstraße 91.
den 10. Oktober 1944.
Kassenstunden von 9 bis 13 Uhr
Fernsprecher 35 67 01.

Gerichtskasse Moabit
Postscheckkonto Berlin 34 564

Kassenzeichen:
13090/44.

134

Copie de la facture (octobre 1944) relative à l'exécution du prêtre Müller (11 septembre 1944) et adressée aux héritiers de Joseph Müller : les frais d'exécution de la peine de mort, les frais de témoins et d'experts, les frais de transport ainsi que ceux de détention sont comptabilisés.

Geheime Staatspolizei — Staatspolizeileitstelle Düsseldorf

Aufgenommen Tag Monat Jahr Zeit 24. Dez. 1941 • 1 6 von durch

Raum für Eingangsstempel 25. DEZ. 1941 — TG - 5886/41

Befördert Tag Monat Jahr Zeit an durch

Verzögerungsvermerk

TG Nr. 13574

Telegramm — Funkspruch — Fernschreiben — Fernspruch

+[DR - BERLIN NUE 209 837 24.12.41 1545 = = KN -

AN DIE STAATSPOLIZEILEITSTELLE D U E S S E L D O R F.-
SS-GRUPPENFUEHRER WEINREICH HEUTE HIER VORSTELLEG GEWORDEN
WEGEN DER ERNEUTEN INSCHUTZHAFTNAE DES TENNO-ANGEHOERIGEN
BERNHARD N [redacted], [redacted], DER EINER DER EIFIGSTEN UND
AUCH ERFOLGREICHSTEN MITARBEITER DES SS-GRUF. WEINREICH
DARSTELLEN SOLL UND FUER DESSEN POSITIVE EINSTELLUNG ZUM
NATIONALSOZIALISMUS WEINREICH GEWAEHR UEBERNIMMT.-
N[redacted] SOLL UNTER ALKOHOL MIT EINEM SA-FUEHRER STAATSABTRAEG
LICHE WITZE EZAEHLT HABEN. VOR DEN SCHNELLRICHTER GEFUEHRT,
HAT DIESER VON EINER VERUTEILUNG DES N. ABGESEHEN.-
SS-GRUF. WEINREICH BAT UM ENTLASSUNT DES N., DA DIESER
FAMILIENVATE SEI UND INSBESONDERE DURCH LAUFENDE EFINDUNGEN
DIE TENO BESONDERS BEREICHET HAT.-
ICH GEBE IHIERVON KENNTNIS MIT DER BITTE, NOCH HEUTE DIE
ANGELEGENHEIT N. ZU UEBERPRUEFEN, FALLS N. TATSAECHLICH

LEDIGLICH WEGEN DES WITZEERZAEHLENS ERNEUT IN SCHUTZHAFT
GENOMMEN WORDEN SEIN SOLLTE, BIN ICH IM HINBLICK AUF DIE
HERANSTEHENDEN FEIETAGE MIT EINER UNTERBECHUNG DER SCHUTZHAFT
BIS ZUM JANUAR EINVERSTANDEN.-

REICHSSICHERHEITSHAUPTAMT - M U E L L E R, SS-GRUPPENFUEHRER.+]

Dauerdienst

Düsseldorf, am 24.12.1941

FS-TG 13 575 — 24. Dez. 1941 • 1 6 — Befördert durch

1. Fernschreiben:

An die Aussehdienststelle
in Wuppertal

Einsetzen von [bis] aus vorstehendem FS.

Dann fortfahren: Von dem Veranlasten bitte ich mir Mitteilung zu machen.

Stapoleit. Düsseldorf
- Dauerdienst -

2. Zum Vorgang.

Im Auftrage:

Krim. Ass.

Certains jugements prononcés contre des raconteurs de blagues étaient cléments. Dans le cas présent (Noël 1941), un collaborateur du Technische Nothilfe *(TENO – Service technique d'urgence), arrêté pour avoir raconté des blagues subversives, ne sera pas condamné pour avoir porté atteinte à la capacité de défense car il a rendu de grands services à la SS et à son employeur ; il est en outre père de famille et son attitude vis-à-vis du national-socialisme est jugée positive. Ses propos auraient été tenus sous la seule influence de l'alcool.*

Robert Dorsay vers 1939

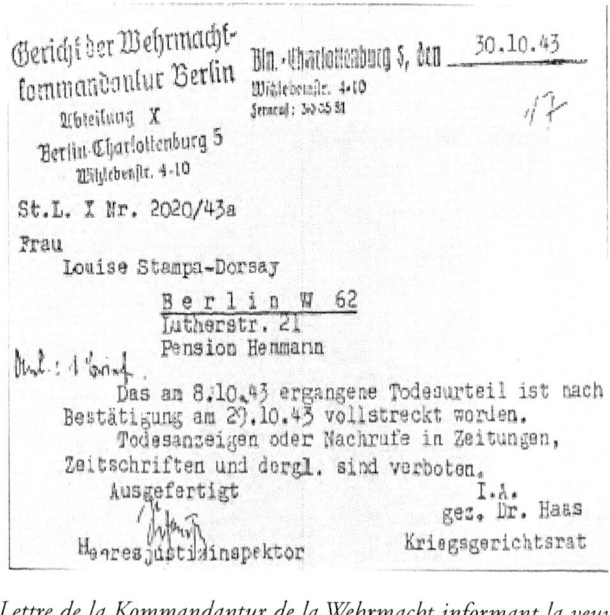

Gericht der Wehrmacht-
kommandantur Berlin
Abteilung X
Berlin-Charlottenburg 5
Witzlebenstr. 4-10

Bln.-Charlottenburg 5, den 30.10.43
Witzlebenstr. 4-10
Fernruf: 30 05 31

17

St.L. X Nr. 2020/43a

Frau
Louise Stampa-Dorsay
Berlin W 62
Lutherstr. 21
Pension Hermann

Anl.: 1 Brief.

Das am 8.10.43 ergangene Todesurteil ist nach Bestätigung am 29.10.43 vollstreckt worden.

Todesanzeigen oder Nachrufe in Zeitungen, Zeitschriften und dergl. sind verboten.

Ausgefertigt
Heeresjustizinspektor

I.A.
gez. Dr. Haas
Kriegsgerichtsrat

Lettre de la Kommandantur de la Wehrmacht informant la veuve de Robert Dorsay de l'exécution de celui-ci le 29 octobre 1943. Comme ce courrier précise, il est interdit de faire paraître quelque avis nécrologique ou hommage que ce soit dans les journaux, revues ou autres publications.

VI
Humour et extermination

« On ne peut pas tout accepter, on doit se défendre » – L'Holocauste dans l'humour juif

Dans l'ombre de la guerre d'extermination à l'Est commença le chapitre le plus sombre du IIIe Reich. Hitler voulait débarrasser son peuple à tout prix de « vermines » et « parasites » imaginaires. Il confia cette tâche meurtrière à son meilleur organisateur : Heinrich Himmler. Le chef de la SS se fit désormais appeler « Commissaire du Reich pour le renforcement de la race allemande » : cela signifiait concrètement qu'il était chargé de mettre en pratique le concept hitlérien d'espace vital dans les territoires conquis à l'est. Des Allemands devaient peupler les grandes plaines d'Ukraine et de Russie et y pratiquer comme aux temps proto-germaniques l'agriculture dans des *Wehrdörfer*, des villages fortifiés. La population qui y était établie depuis des siècles devait en revanche être expulsée ou réduite en esclavage. Pour les Juifs restés en Allemagne ou dans l'Europe occupée, les nazis avaient conçu un plan inhumain : la *Endlösung*, la « solution finale », dont les modalités techniques firent l'objet de la conférence de Wannsee, de sinistre mémoire. Alors que le projet de peuplement contenu dans le « plan général Est » ne devait être pleinement mis en œuvre qu'après avoir gagné la guerre, l'extermination des Juifs était une priorité absolue pour Himmler et ses sbires : ils perfectionnèrent de plus en plus et avec une grande énergie criminelle le dispositif meurtrier. La Wehrmacht avait à peine progressé qu'une nouvelle vague suivait, procédant à des pogroms et des exécutions en masse derrière le front. Aussi bizarre et inconvenant que cela paraisse aujourd'hui, on faisait aussi des blagues sur le massacre organisé de populations. Leurs auteurs n'étaient toutefois pas des Allemands non impliqués ou les assassins eux-mêmes : c'étaient les Juifs, qui essayaient de se donner mutuellement du courage en pratiquant un humour noir très cynique et impitoyable. La situation la plus désespérée perdait en effet de son tragique dès qu'on pouvait en rire. Assez curieusement, un grand nombre de ces blagues nous ont été conservées, racontées par les rares survivants des massacres. Manès Sperber en a rapporté un exemple particulièrement dur et, dans le fond, profondément triste :

> *Dans un village juif de l'Est, des agressions, des pogroms et des exécutions de plus en plus affreuses se produisent à l'époque nazie. Un villageois se rend au village voisin et raconte. On lui demande : « Et qu'est-ce que vous avez fait ? » Il répond : « La dernière fois, nous n'avons pas récité 75 psaumes, mais les 150. Et nous avons jeûné comme au Yom*

Kippour. » « C'est bien, lui répond-on, on ne peut pas tout accepter, on doit se défendre. »[120]

Cette blague reflète l'opinion, largement répandue, selon laquelle les Juifs se seraient laissés mener à l'abattoir comme des moutons. Aucun reproche n'est toutefois décelable dans la boutade de Sperber : c'était justement le caractère pacifique et naïf de son propre peuple qui le rendait si sympathique à ses yeux, en comparaison avec les crimes de plus en plus sanguinaires commis dans le monde qui l'entourait. La blague suivante, extraite de l'anthologie de Salcia Landmann, est tout aussi noire. Elle a également pour sujet les exécutions en masse derrière le front :

Des victimes juives vont être abattues par la Gestapo. Le Sturmführer qui donne les ordres est pris d'une lubie et se dirige vers un Juif en grommelant : « Dites-moi, vous avez l'air assez aryen. Je vais vous donner une chance. J'ai un œil de verre, mais il n'est pas facile à reconnaître. Si vous devinez immédiatement lequel est-ce, je vous accorde un sursis. » Le Juif répond sans hésiter : « Le gauche ! – Comment l'avez-vous reconnu ? – Il a l'air si gentil ! »[121]

Tandis que, sur le front de l'Est, des *Einsatzgruppen* (groupes d'intervention) procédaient à des exécutions en masse, la SS travaillait déjà à la phase suivante du terrible plan d'extermination. Le massacre en masse des Juifs avait bien lieu à l'Est, mais l'objectif d'Hitler n'était pas seulement l'élimination des Juifs orthodoxes d'Europe

120. Notre trad.
121. Notre trad.

orientale : il projetait aussi l'extermination organisée de tous les Juifs européens. Depuis le 1er septembre 1941, toutes les personnes qui avaient du « sang juif », Allemands, Néerlandais ou Français, devaient porter l'étoile jaune sur le revers de la veste. Cette mesure était destinée à rendre les Juifs reconnaissables aux yeux de tous et à les exclure de la *Volksgemeinschaft*. Pour tous ceux qui portaient l'étoile commença un horrible chemin de croix. Les Juifs réagirent à ces vexations quotidiennes avec un humour inébranlable ; ils donnèrent à l'étoile le surnom « Pour le Sémite », comme s'il s'agissait d'une distinction honorifique spéciale (« Pour le Mérite »). Plus grave que toutes les formes de discrimination fut cependant la crainte des déportations vers l'Est, qui débutèrent au printemps 1941. « Déplacement de populations » : c'est ainsi que s'appelaient officiellement les transports dans des wagons à bestiaux ; ceux-ci étaient parfois organisés sous l'appellation cynique de « changement de domicile ». Aucune des « personnes déplacées » ne revenait, mais les Allemands restés au pays se taisaient et détournaient le regard. Tous se rendaient bien compte de ce que le voyage ne conduisait pas vers des villages juifs paradisiaques et les Juifs eux-mêmes en étaient encore plus douloureusement conscients, comme le prouve cette blague :

> *Combien de sortes de Juifs y a-t-il ? Réponse : deux. Les optimistes et les pessimistes. Et quelle est la différence ? Les Juifs pessimistes sont en exil, les optimistes dans des camps de concentration allemands.*

Ce qui se passait à l'Est était-il à ce point inimaginable que rares furent ceux qui devinaient l'ampleur du système infernal conçu par les Himmler et autres Eichmann ? Une chose était claire : les déportations étaient un voyage qui menait à la mort. Dès le début de la guerre, la situation s'était aggravée de façon dramatique dans les camps de concentration. L'année 1939 ne fut pas encore placée sous le signe de l'extermination massive organisée, mais des milliers de gens périrent à cause de la sous-alimentation et des épidémies.[122]

Ce ne fut pas seulement pour les déportés et les détenus que la situation s'avéra désastreuse et inhumaine : on faisait aussi deux poids deux mesures lors de la distribution des rations alimentaires dans les territoires occupés, et celui qui avait la malchance d'être juif était le plus mal traité. Le compliment (empoisonné) suivant, adressé par ceux qui souffraient de la faim aux occupants allemands, nous a été conservé :

Les occupants s'y connaissent en alimentation – ils ont constaté scientifiquement que les Allemands avaient besoin de 2 500 calories par jour, les Polonais de 600 et les Juifs de 184.

Une blague encore plus cruelle nous vient d'Amsterdam du temps de l'occupation, où les Juifs souffraient aussi horriblement de la faim. Les Allemands leur distribuaient sciemment beaucoup trop peu de bons d'alimentation – une mesure terrible, inhumaine. Un témoin jadis touché par cette discrimination a raconté ceci :

On ne peut pas vivre avec des bons de rationnement, ou du moins, très mal. Je connais une bonne blague

122. Cf. Kogon, p. 129-130.

à ce sujet : quelqu'un voulait se suicider par pendaison. Mais la corde était d'une qualité si mauvaise qu'elle se déchira. Alors, il voulut s'asphyxier au gaz, mais le gaz était coupé (c'était le cas entre deux et cinq l'hiver dernier). Il ne vécut donc plus que de ses bons et réussit du premier coup cette fois.[123]

Les Juifs dépensaient, s'ils le pouvaient, des sommes démentielles pour se procurer des bons d'alimentation supplémentaires achetés illégalement. Il était de toute façon inutile de faire des économies car les gens vivaient dans la certitude qu'ils pouvaient être déportés à tout moment. Chacun pressentait que l'argent ne servait plus à rien à ceux qui étaient déportés vers l'Est. C'est pourquoi le moindre sou économisé était désormais échangé contre des denrées en nature.

L'extermination des Juifs par la faim n'était certes qu'un des volets de ce plan atroce. On avait une nouvelle fois serré la vis ; aucune fuite n'était possible. Un sentiment de désespoir profond s'empara des victimes, car le chemin de la liberté, de l'étranger, était barré définitivement aux Juifs depuis le début de la guerre ; la seule langue capable d'exprimer la détresse de ces gens à la merci des nazis fut désormais l'humour :

Dans une agence de voyage viennoise, après l'entrée d'Hitler à Vienne, un Juif se renseigne sur les possibilités d'émigrer. L'employée de l'agence, qui a devant elle une mappemonde, passe les pays en revue avec le doigt et dit : « L'émigration vers la Palestine est

123. Bolle, p. 103 ; notre trad.

interdite, le quota américain est déjà atteint, le visa vers l'Angleterre très difficile à obtenir, pour la Chine, la Paraguay et le Brésil, il faut des garanties financières, la Pologne n'autorise même pas le retour des Juifs polonais. » Le Juif, résigné, pointe le globe de l'index, en demandant : « À part celui-ci, vous n'avez rien ? »

Entassés dans des ghettos, les Juifs se trouvaient sans défense aux mains de leurs tortionnaires ; le chemin de la liberté leur était refusé. Une petite minorité seulement échappa au bras long de l'État nazi et à ses orgies de violence de plus en plus sanguinaires ; certains réussirent effectivement à entrer dans la clandestinité grâce à de faux papiers ou, comme Anne Frank, à se cacher, afin de ne pas tomber dans les filets de la SS, du moins pendant un certain temps. Seuls quelques *Volksgenossen* fournirent une aide active ; la plupart du temps, les réfugiés et les Juifs, qui dépendaient de l'assistance d'autrui, se heurtèrent à des oreilles sourdes. Une blague juive dresse un bilan résigné de la situation :

On racontait qu'un Juif cherchait refuge chez un ancien ami d'école et que celui-ci avait soulevé des objections inquiètes ; le Juif l'avait alors quitté résigné, mais non sans laisser une bouteille de vin. « Que tu veux que j'en fasse ? », avait demandé l'ami, qui ne comprenait pas. « Comme ça, tu pourras plus tard déclarer de bonne foi que tu as caché un Oppenheimer dans ta cave ! », avait répondu le Juif.

Celui qui se faisait attraper par les sbires d'Himmler était bientôt embarqué dans un wagon à bestiaux, direction l'Est. Il arrivait qu'il soit d'abord interné dans un camp de transit, mais pour beaucoup, le voyage menait tout droit à la rampe de sélection d'Auschwitz. Jusqu'à 10 000 êtres humains mouraient chaque jour, assassinés dans les salles de gazage.

Malgré toutes les dissimulations qui entouraient ce massacre atroce, des tueries en masse de cette ampleur ne purent rester que difficilement cachées à la population allemande. Néanmoins, tout le monde n'aura pas été au courant de ces exterminations horribles, car seul sait celui qui veut savoir. Les Allemands jouèrent au jeu malsain des trois petits singes : ils se bouchèrent les oreilles, les yeux et la bouche ; ils ne voulaient pas admettre la réalité des souffrances causées au nom de la *Volksgemeinschaft*, car le gouffre qui se serait ouvert devant eux était trop profond. Ce refus s'exprima, des années encore après la fin du IIIe Reich, dans les propos de la génération de la guerre, qui jura ses grands dieux qu'elle n'avait même pas été au courant de l'existence des camps. Pourtant, les cheminées des fours crématoires fumaient tant à l'Est qu'à l'Ouest, jusqu'aux abords immédiats d'adorables petites villes allemandes. Celui qui voulait regarder l'horreur en face avait tout loisir de le faire, même devant sa porte. Le secret qui entourait les informations et leurs détails atroces était mal gardé. À Amsterdam, les Juifs étaient même au courant des chambres à gaz, comme le montre cette macabre histoire juive :

> *Les professeurs Asscher et Cohen* (les deux présidents du *Joodse Raad*, auxquels il fut souvent reproché d'avoir été les hommes de main des nazis) *sont convoqués chez les nazis, qui leur communiquent que les Juifs vont être gazés. La première question qu'ils*

posent est : « C'est vous qui livrez le gaz ou c'est nous qui nous en chargeons ? »[124]

Un humour d'une telle noirceur n'était pas chose rare. Comme nous l'a raconté le musicien de jazz berlinois Coco Schumann, qui avait été déporté à Auschwitz, les Juifs se racontaient encore des blagues horribles dans les camps, afin de se donner mutuellement du courage. Nous lisons des choses semblables dans les lettres d'un Juif amstellodamois déporté au camp de transit de Westerbork.[125]

Le cabaret face à la mort
Les deux comiques Fritz Grünbaum et Kurt Gerron au camp de concentration

Derrière les chiffres – les six millions de Juifs assassinés sous le IIIe Reich – se cachaient six millions de destins individuels. Nous pensons par exemple à Fritz Grünbaum, cet humoriste espiègle qui dut mener une existence horrible dans un camp de concentration après l'entrée des Allemands à Vienne.

Rares furent ceux, parmi ses compagnons d'infortune, que le destin frappa aussi soudainement : sa physionomie bien reconnaissable lui fut fatale, tout comme sa taille menue et son visage, qui faisait de lui le type même du sémite selon les nazis. Il fut plus qu'aucun autre Juif viennois la cible de leurs fantasmes haineux. Ils eurent vite fait, mais pas encore assez vite à leurs yeux, d'embarquer vers Dachau ce petit homme malicieux, qui avait

124. Bolle, p. 144 ; notre trad.
125. Cf. Bolle, p. 218.

un grand sens de l'autodérision. Grünbaum fut séparé à jamais de sa femme : tous deux ne furent réunis que dans la mort.

Les tâches les plus dures attendaient ce presque sexagénaire au camp de concentration, mais il ne perdit pas son sens de l'humour. Afin de se divertir, lui ainsi que ses codétenus, il offrait à ces derniers, pendant les rares moments de loisirs qui lui restaient, quelques échantillons de son art du cabaret. Les prisonniers le remerciaient en l'applaudissant et en lui faisant de petits cadeaux.

À Buchenwald, où Grünbaum fut transféré en septembre 1938, ses conditions d'internement s'aggravèrent encore. Il y passa le terrible hiver de famine de la première année de guerre. Toutefois, comme si ces conditions misérables n'avaient pas suffi, un hasard malheureux eut pour effet que la détention au camp de concentration devint encore plus insupportable : les gardes avaient reconnu le comique, dont la notoriété dépassait largement les frontières de l'Autriche. À partir de ce moment-là, on ne le laissa plus en paix : en guise de passe-temps pervers, Grünbaum devait faire rire les SS sur commande et, quand il n'y parvenait pas, il était battu. Cette pratique cruelle était d'un sadisme inégalable. Ses codétenus firent heureusement en sorte qu'il échappe aux travaux extrêmement durs dans la carrière : il n'y aurait certainement pas survécu longtemps. Grünbaum fut envoyé comme repriseur de bas au service de raccommodage, dont il fut expulsé peu après car une nouvelle directive du commandant du camp décrétait que ce travail était trop léger pour des Juifs. Au lieu de cela, les SS lui firent nettoyer les latrines ; cette activité s'appelait « colonne de nettoyage 4711 ». Les gardiens ne se montrèrent « généreux » qu'une seule fois : après qu'ils eurent torturé à mort son collègue humoriste Paul Morgan, Grünbaum put transporter, aidé du chanteur de chansons populaires Hermann Leopoldi, la dépouille mortelle jusqu'à la porte du camp.[126]

Aucune violence ne peut ôter le sens de la plaisanterie à un comique né. Grünbaum plaisantait à propos de la faim qui le tenaillait : la sous-alimentation systématique était le meilleur remède contre le diabète, disait-il. Pourtant, son humour noir et impertinent ne pouvait dissimuler le fait que ses conditions de détention l'avaient affaibli à vue d'œil. En octobre 1940, Fritz Grünbaum fut déplacé à Dachau, alors qu'il était déjà atteint de tuberculose à un stade avancé.[127] C'est dans ce camp qu'il présenta son dernier numéro derrière les barbelés : il sortit des blagues salaces pour ses codétenus et chanta encore une fois ses couplets-refrains les plus célèbres. Après cette séance animée, raconta un témoin de cette époque, il s'effondra, épuisé. Quelques jours plus tard, il essaya de se suicider, mais sa tentative échoua. Cette grande vedette comique mourut le 14 janvier 1941. Comme cause de sa mort, l'acte de décès mentionna cyniquement un « arrêt du cœur ».

En 1941, la fortune commença aussi à tourner pour Kurt Gerron, le célèbre comique et réalisateur de l'UFA. Pendant son exil hollandais, il avait tourné des fictions jusqu'en 1937 ; le doublage en néerlandais de *Blanche-Neige et les sept nains*, le grand classique de Disney,

126. Cf. Troller, p. 258.
127. Cf. Liebe, p. 122.

était aussi son œuvre. Il s'était donc refait une vie loin du pays, prouvant ainsi sa vitalité. Mais en 1940, les Pays-Bas furent envahis par les Allemands et, ici aussi, les occupants serrèrent fortement la vis. Gerron figurait déjà sur la liste noire des nazis. Il avait fait une apparition tout à fait involontaire dans le pire film de propagande haineuse tourné sous le IIIe Reich, le tristement célèbre navet *Der Ewige Jude* (« Le Juif éternel »), où il incarnait le sémite-type que les nazis voyaient en lui ; la brève séquence avec Gerron était extraite d'un autre film et le montrait tenant en main une soupe bouillante, les avant-bras dénudés et portant un tablier de cuir sur la poitrine. L'infâme voie off du commentaire, qui avait été ajoutée par les réalisateurs du *Juif éternel*, informait le spectateur de ce que les « Juifs de cinéma » comme Gerron aimaient « jouer des personnages troubles », afin de créer des effets humoristiques. Sur ordre exprès de l'*Amt für Volksaufklärung* (Office d'information populaire), le film fut projeté dans toutes les salles de cinéma des Pays-Bas. Aussi paradoxal et horrible que cela paraisse, *Le Juif éternel* fut la dernière apparition de Gerron dans un film destiné à un grand public.

La carrière de Gerron sur les planches approchait, elle aussi, de sa fin. Avec son ami Otto Wallburg, qui avait trouvé refuge dans la même pension que lui à Amsterdam, il s'était produit sur plusieurs scènes de cabaret d'émigrants. Sous l'Occupation, ce genre de numéro regroupant des comiques et des comédiens juifs ne fut plus possible qu'au *Joodsche Schouwburg*, un théâtre de la vieille ville d'Amsterdam, appelé *Hollandsche Schouwburg* avant l'arrivée des Allemands. Désormais, selon la volonté des nazis, seuls des Juifs pouvaient y jouer pour des Juifs. Ce bâtiment néo-classique, dont l'adresse était Plantage Middenlaan 24, devint bientôt tristement célèbre : il fut utilisé comme lieu de rassemblement pour les déportations vers les camps de concentration. C'est d'ailleurs là qu'atterrit Gerron, qui avait assuré péniblement sa subsistance comme professeur d'art dramatique à la suite de la fermeture du théâtre juif. On l'embarqua en direction du camp de transit de Westerbork à la frontière germano-néerlandaise : c'est de là que partaient les convois vers l'est ; la plupart du temps, les déportés étaient envoyés directement dans les chambres à gaz d'Auschwitz. Durant sa détention, Gerron rencontra deux vieilles connaissances, le présentateur Willy Rosen et le comique Max Ehrlich. Sur ordre du commandant du camp, qui aimait se faire passer pour une sorte de mécène des arts mineurs, le trio organisa des représentations dans un cabaret de camp créé à cet effet. Le tout premier show, une production intitulée *Da Capo !*, eut lieu peu après l'arrivée de Gerron et en présence d'un public constitué des détenus et des gardiens. Au fur et à mesure qu'on avançait dans l'année, le cabaret de Westerbork devint une institution tout à fait macabre : d'après ce que racontèrent d'anciens prisonniers, les représentations étaient toujours organisées le jour précédant le départ d'un convoi de wagons à bestiaux. Il est aujourd'hui impossible de savoir si Konrad Gemmecker, le commandant du camp, fixait les dates par pur sadisme ou s'il voulait aider les détenus terrifiés à oublier ce qui les attendait ; la bonté était en tout cas un sentiment totalement étranger à ce genre d'homme.

En 1944, Gerron fut à nouveau embarqué dans un wagon à bestiaux. Il ne devait plus jamais revoir l'Allemagne. Cette fois, le voyage le mena à Terezin, en Tchécoslovaquie. C'est à sa réputation de cinéaste et de comédien qu'il dut de ne pas être transféré immédiatement à Auschwitz : celui qui était une célébrité bénéficiait parfois d'un report, d'un sursis, avant la déportation vers un camp d'extermination. Gerron – c'est ce qui figurait dans son dossier – avait fait ses preuves sur le front pendant la première guerre mondiale : c'est peut-être là une autre explication au fait qu'il ne fut pas envoyé tout de suite à la chambre à gaz. L'avant-dernière étape de la vie de Gerron le mena dans une petite ville connue aujourd'hui sous le nom de Theresienstadt, d'horrible mémoire. En temps de paix, cet ancien avant-poste de l'Empire austro-hongrois n'était guère plus qu'une ville de garnison somnolente, mais à l'époque nazie, c'est en tant que site d'un des camps de concentration les plus tristement célèbres que Theresienstadt entra dans l'histoire. Reinhard Heydrich, le sinistre bras droit de Himmler, avait fait installer dans l'ancienne forteresse un ghetto modèle pour les Juifs déportés de toute l'Europe : on voulait faire croire aux visiteurs étrangers que les détenus étaient bien traités, sous la garde des Allemands. Le camp de concentration était une façade derrière laquelle le mécanisme diabolique de la « solution finale » poursuivait son cours en toute tranquillité. Pour en mettre plein la vue aux commissions étrangères, les exécutants de Heydrich imaginèrent toutes sortes de « mesures d'embellissement » : comme le camp était désespérément bondé, la SS embarquait une grande partie des Juifs en direction d'Auschwitz avant l'arrivée des hôtes ; on ouvrait alors en vitesse des cafés sur le site de la forteresse et juste à côté, des prisonniers organisaient des représentations d'opéra sur l'ordre du commandant.

Le but de cette mise en scène macabre était de donner l'impression que les Juifs en captivité allaient mieux que beaucoup de soldats sur le front. De fait, ces subterfuges permirent de duper entre autres la Croix Rouge, qui visita Theresienstadt à la demande du gouvernement danois. Dès que les délégations étrangères quittaient les lieux, les jolies salles de café et de théâtre étaient démontées. La réalité de Theresienstadt n'avait rien à voir avec le charme des salons de café. La vie au camp de concentration était effroyable, inhumaine et meurtrière ; sur les 144 000 détenus du camp, seul un tiers survécut à la terreur des SS ; les épidémies sévissaient à Theresienstadt et les prisonniers souffraient en permanence de sous-alimentation : pendant la seule année 1942, 16 000 détenus moururent à Terezin de la faim et des maladies. Quand Kurt Gerron pénétra dans cette antichambre de l'enfer, des milliers d'entre eux l'avaient déjà quittée, pour être envoyés à Auschwitz, où les attendait une mort certaine.

La réputation de Gerron l'avait manifestement précédé car, à Theresienstadt, un cabaret-théâtre fut aussi créé peu après son arrivée. Le commandant du camp, un SS du nom de Karl Rahm, confia la direction de cet étrange lieu de spectacle à l'ancien réalisateur de l'UFA. La présence d'un temple de la bonne humeur servait parfaitement les projets cyniques de la SS : seules les belles apparences devaient compter à Theresienstadt. Gerron baptisa son cabaret *Das Karussell ;* le nom était en soi bien amusant et faisait penser à un champ de foire, mais il avait en même temps une connotation terrible car un seul carrousel tournait à Theresienstadt, et il envoyait tout droit à Auschwitz ceux que les SS avaient mis sur leurs listes de condamnés à mort. Malgré la peur permanente d'être déporté, Gerron s'attaqua avec calme et méthode à sa nouvelle tâche. Les artistes susceptibles d'être recrutés pour son projet ne manquaient pas dans le « ghetto des Juifs » : la crème de la crème des milieux théâtraux et artistiques juifs était internée dans l'ancienne forteresse, du compositeur vedette au présentateur de spectacle hors-pair et des chanteuses glamour de couplets-refrains aux acrobates les plus agiles. C'est à raison qu'on qualifia *Das Karussell* de meilleur cabaret en langue allemande des années quarante. Kurt Gerron ne ratait évidemment pas une occasion de monter lui-même sur scène. Ce n'étaient pourtant plus les *Golden Twenties* : l'acteur comique de *L'Ange bleu* se produisait devant des silhouettes décharnées qui portaient la tenue rayée des détenus, surveillées par des SS violents aux insignes à tête de mort.

Un jour, la troupe du cabaret dut jouer dans une salle où étaient empilés des douzaines de cadavres nus. L'épouvante était grande, mais la représentation ne fut pas annulée. Comme les artistes du *Karussell* ne supportaient pas la vue des morts, Gerron battit le rappel de tous les détenus aveugles et leur fit former une longue chaîne : les aveugles descendirent les cadavres par l'escalier, en se les passant de l'un à l'autre depuis la salle jusqu'en bas. Au pied de l'escalier, une charrette attendait, qui emporta les morts. Comme les aveugles ne pouvaient pas voir les cadavres horriblement mutilés, cette tâche macabre leur parut un peu plus aisée. Le grand show de cabaret eut lieu le soir même dans la salle : ce fut une danse des morts grotesque en plein milieu du camp de concentration de Theresienstadt.

Il était incongru et complètement schizophrène de provoquer de grands éclats de rire à cet endroit. Gerron, qui n'avait plus rien à perdre, se consacra avec toute son énergie à ses productions.

« Le Führer fait don d'une ville aux Juifs » Le film sur Theresienstadt

Les représentations avaient en effet tellement de succès que, pendant l'été 1944, la SS fit une nouvelle offre au talentueux directeur de cabaret : pour la première fois depuis quatre ans, il allait s'asseoir sur la chaise de réalisateur et diriger une production. Le titre du projet : *Theresienstadt : ein Dokumentfilm aus dem jüdischen Siedlungsgebiet* (« Theresienstadt : un film documentaire sur la zone de peuplement juif »). Un budget de 35 000 reichsmarks fut alloué à ce film tourné à l'initiative du *Sturmbannführer* SS Hans Günther. Tout l'argent, jusqu'au dernier *pfennig*, provenait de biens juifs confisqués – une forme d'ironie très cruelle et bien au goût des nazis, car ce « documentaire » était un film de propagande particulièrement perfide. Le camp de concentration était présenté comme étant une belle utopie, un grand sanatorium pour Juifs. Les observateurs étrangers, surtout ceux qui venaient de pays neutres, devaient à nouveau être trompés sur la vraie nature des camps : le scénario prévoyait des scènes se déroulant dans les cafés et les boulevards (évidemment inexistants) de Theresienstadt ; il devait être aussi question d'un hôpital et d'autres institutions d'intérêt public. Cet ignoble film pseudo-documentaire ne disait toutefois pas que les détenus mouraient comme des mouches à Theresienstadt ni qu'ils étaient envoyés par milliers dans les chambres à gaz d'Auschwitz.

Kurt Gerron devint contre sa volonté l'homme de main des nazis. Il remplit la tâche qui lui était imposée avec son sérieux et son dévouement habituels : il n'avait de toute façon pas le choix. Gerron intervenait même dans une scène du film : il y jouait un numéro de music-hall en plein air dans une prairie située hors du ghetto, accompagné d'un duo de musiciens et d'un trio de cabaret. Sa dernière et brève apparition comme cabarettiste, fixée sur pellicule le jour même, est aujourd'hui disparue. Après la guerre, la dernière œuvre de Gerron, qui n'existait plus que sous forme de fragments, acquit une renommée internationale, bonne comme mauvaise, sous le titre *Der Führer schenkt den Juden eine Stadt* (« Le Führer offre une ville aux Juifs »). On ignore aujourd'hui encore l'origine de cette nouvelle appellation particulièrement cynique : c'était probablement une invention des détenus du camp eux-mêmes ; il est en tout cas à peu près certain que le titre ne venait pas des SS. Karel Margry voit en lui un exemple type de l'humour noir largement répandu parmi les Juifs du camp.[128] Le musicien de jazz Coco Schumann, qui survécut à Theresienstadt et Auschwitz, confirma d'ailleurs que les prisonniers passaient leur temps à se raconter des blagues plus noires les unes que les autres : la thèse attribuant la paternité du titre aux détenus n'est donc pas du tout farfelue.

L'histoire du film sur Theresienstadt se termina (comment aurait-il pu en être autrement dans l'univers

128. Cf. Kluger, p. 62 et suiv. ; notre trad.

cauchemardesque d'Himmler ?) par une tragédie. Les nombreux acteurs qui avaient créé un monde idéal de fiction devant les caméras furent déportés à Auschwitz et assassinés. À la fin du mois d'octobre, ce fut le tour de Kurt Gerron, le réalisateur. Différents témoins de l'époque ont raconté que Gerron avait accueilli sa condamnation à mort avec fierté et dignité. D'autres au contraire ont rapporté qu'avant le départ du wagon à bestiaux, il se serait précipité vers un gardien et l'aurait supplié à genoux de lui laisser la vie sauve. Quelle qu'ait été la manière dont les dernières heures de Gerron se sont passées, il est certain qu'il fut transporté de Theresienstadt à Auschwitz dans un convoi parti le 28 octobre 1944. Il fut gazé dès son arrivée. Le comique Otto Wallburg, qui était gravement malade et que les nazis avaient aussi arrêté en Hollande occupée, fut assassiné en même temps que lui. C'est ainsi que deux des toutes grandes vedettes de l'époque de Weimar connurent une fin misérable et atroce. À peine deux jours plus tard, le programme de la solution finale fut suspendu indéfiniment à Auschwitz. Pour toujours.[129] Le film de Kurt Gerron fut achevé par le cameraman tchèque Karel Pečený et le montage entrepris par Ivan Frič, un compatriote de celui-ci. On ne connaît que peu de projections de ce « documentaire » relevant de la pure mise en scène ; vers la fin de la guerre, alors que les horreurs commises par les nazis dans les camps de concentration étaient déjà connues de l'opinion publique internationale, il ne trompa en tout cas plus personne.

129. Cf. Liebe, p. 216.

VII

« Rire d'Auschwitz » ? Humour et national-socialisme de l'après-guerre à nos jours

L'immédiat après-guerre et l'évolution jusqu'au début des années 1990

Dans l'immédiat après-guerre, la faim et le chaos régnaient en Allemagne. Ce qui s'était passé semblait tout à fait secondaire aux yeux des gens car la « race (autoproclamée) des seigneurs » ne pensait qu'à sa survie. Le temps passa et l'Allemagne fut divisée ; l'Ouest connut le miracle économique, l'Est le socialisme. Les Allemands de l'Ouest ne voulaient pas se souvenir car ils étaient occupés à bâtir un riche État industriel ; les Allemands de l'Est ne devaient pas se souvenir car, selon la RDA, il n'y avait des nazis qu'à l'Ouest. C'est pourquoi nous ne connaissons que peu de nouvelles blagues politiques relatives à l'époque nazie datant de la fin des années 40 et du début des années 50. Il circulait en revanche des blagues révoltantes sur les Juifs revenus exiger les biens dont ils avaient été dépouillés, comme celle qu'a racontée

Ruth Kluger, une survivante d'Auschwitz : « Tu as de la chance, ton Juif n'est pas revenu », dit un Viennois à un autre. « Le mien oui[130]. » Beaucoup de gens n'avaient rien appris – non pas parce qu'ils étaient bêtes, mais parce qu'ils ne voulaient rien apprendre. Les anciens nazis à « cent cinquante pour cent » refirent ainsi rapidement carrière, des deux côtés du rideau de fer. En un mot, c'était une époque où régnait une superficialité affligeante, où les Allemands portaient des œillères et où les grossièretés antisémites étaient toujours à l'ordre du jour.

La volonté de changement n'apparut à l'Ouest qu'avec le changement de génération : dans les années 1960 et 1970 commença enfin le travail de mémoire sur les aspects troubles du passé, non pas parce que la génération de la guerre, qui s'y opposait violemment, le voulait, mais parce que les jeunes l'exigeaient. Ce processus douloureux fit apparaître des abîmes sans fond. L'ancienne génération répétait comme une litanie : « Nous ne savions rien ! » – un point de vue que la plupart maintinrent jusqu'à leur mort. Durant cette phase chargée d'émotivité, rire d'Hitler relevait de l'impossible. Pour ce qui est de la représentation de l'Holocauste dans l'art, trois lois non écrites émergèrent, trois « conventions » formulées par l'angliciste new-yorkais Terrence Des Pres :

1. L'Holocauste doit être représenté comme un tout propre, comme un événement unique, comme un cas

130. Cf. Kluger, p. 62 et suiv. ; notre trad.

> *isolé et un domaine délimité, avant ou après l'Histoire ou en dehors d'elle.*
>
> *2. Les représentations de l'Holocauste doivent être aussi précises que possible et fidèles aux faits et circonstances de l'événement ; il n'existe pas de raisons légitimes ni de raisons artistiques de procéder à des modifications ou des manipulations.*
>
> *3. On doit aborder l'Holocauste comme un événement majeur, peut-être même religieux, avec un sérieux qui exclut toutes les réactions susceptibles d'occulter sa signification exceptionnelle ou de déshonorer la mort de tant d'êtres humains.*[131]

Il y eut évidemment des entorses à ces conventions, mais elles furent diversement appréciées. Dans des cas précis, les cinéastes et les comiques obtinrent la « licence » leur permettant de se moquer du régime hitlérien. Les critiques allemands de l'après-guerre trouvèrent que *The Great Dictator* ne présentait aucun inconvénient : aucun d'entre eux n'aurait osé démolir Chaplin qui, de son vivant déjà, était non sans raison une icône anglo-saxonne. Tout le monde reconnaissait qu'il avait eu les meilleures intentions en tournant le film et, même si celui-ci compte parmi les comédies les plus amusantes de tous les temps, les motifs de Chaplin étaient sérieux : il voulait attirer l'attention sur le danger que représentait la folie nazie. En 1961, les intentions de Billy Wilder furent également reconnues à leur juste valeur, quand sortit sa géniale comédie *One, Two, Three* (« Un, deux,

131. Cf. Laster/Steinert, p. 184 et suiv. ; notre trad.

trois »), où apparaissaient toutes sortes de personnages nazis, givrés et claquant des talons.

La critique allemande se montra toutefois beaucoup plus sourcilleuse vis-à-vis d'autres productions. Les critères selon lesquels on jugeait les comédies anti-hitlériennes changèrent néanmoins avec le temps : plus les années passèrent et plus on réagit de façon décontractée au spectacle d'un « Führer ridicule ». Dans leur étude sur la « nouvelle morale dans la représentation de la Shoah », Kathy Laster et Heinz Steinert ajoutèrent deux autres règles aux conventions de Des Pres, afin de tenir compte de la nouvelle mentalité :

> *4. Les représentations de l'Holocauste doivent se faire dans le domaine de la « haute culture ». Les produits de la culture populaire sont automatiquement suspects et, en tout cas, d'importance mineure. Les comédies s'adressent généralement à un public qui n'est pas nécessairement hautement cultivé et peinent par conséquent à être considérées comme de la haute culture.*
>
> *5. L'artiste doit adopter une attitude et une motivation justes : l'altruisme, les meilleures intentions, les buts moraux et didactiques justes. Même quand le produit est comique, l'artiste doit faire preuve d'un sérieux approprié.*[132]

Dès la fin des années 60, Mel Brooks était passé outre à toutes les règles de piété non écrites. L'Holocauste n'était certes pas le thème central de son film *The Producers*

132. Cf. Laster/Steinert, p. 186 et suiv. ; notre trad.

(« Les producteurs[133] »), sorti en 1968, mais l'intrigue était tout sauf politiquement correcte : deux producteurs de Broadway veulent escroquer des investisseurs. Pour camoufler leurs agissements, ils décident de provoquer intentionnellement un fiasco géant. Leur calcul est le suivant : en cas d'échec financier, leur comptabilité ne sera pas contrôlée et les traces de leur escroquerie seront effacées. Afin de s'assurer que l'échec soit le plus cuisant possible, ils confient à un néo-nazi notoire la tâche d'écrire un musical et, quand cet original bizarre remet son scénario invraisemblable, intitulé *Springtime for Hitler*, les producteurs croient avoir réussi leur coup. La pièce, que son auteur a prise tout à fait au sérieux et où des nazis dansent en porte-jarretelles, est cependant un immense succès comique. Les machinations des producteurs sont démasquées et ils se retrouvent tous les deux en prison.

Un « sérieux approprié » : il n'en est pas question dans le spectacle popcorn de Mel Brooks, mais le film n'est pas non plus ce qu'on appelle de la « haute culture ». Pourtant, cette œuvre insolente et non conformiste fut appréciée par le public : c'est à juste titre que Mel Brooks reçut même l'Oscar du meilleur scénario. « Si on monte sur une caisse à savon et qu'on discute avec un dictateur, on ne peut pas gagner [...] Mais si on le ridiculise et qu'on le fait tomber de son piédestal, c'est lui qui ne peut pas gagner » : c'est ainsi que le réalisateur commenta son approche du sujet. Comme le film était particulièrement réussi, la critique se rangea sans réserve à son avis. *The Producers* était en outre un film

133. Voir p. 279.

à succès américain et qui plus est tourné par un réalisateur juif. S'il s'était agi d'une production allemande, qui n'aurait pas bénéficié d'un « a priori positif », le jugement n'aurait peut-être pas été aussi indulgent : le malaise autour du « Führer ridicule » n'était pas dissipé, en Allemagne moins qu'ailleurs.

To Be or not to Be (« Être ou ne pas être »), le remake du film de Lubitsch, tourné par Mel Brooks en 1983, n'était pas très réussi, mais il suscita des réactions tout aussi bienveillantes. Cela ne signifiait toutefois pas que toutes les productions anglo-saxonnes aient été au-dessus de toute critique. En 1990, une vague d'indignation déferla jusqu'en Allemagne. La raison de tout cet émoi ? Une comédie de situation diffusée par la chaîne satellite britannique Galaxy et dans laquelle Adolf Hitler menait une vie de petit bourgeois de banlieue. Dans *Heil, Honey, I'm Home*, le Führer et Eva Braun ont survécu à la guerre et habitent une maison individuelle dans un lotissement petit-bourgeois. Hitler est en perpétuel conflit avec ses voisins, les Goldenstein, un couple de Juifs. Le dictateur devenu un pinailleur borné, le gueulard d'à côté : c'est à partir de ce concept que les auteurs de la sitcom désinvolte fabriquèrent des tas de gags simplistes. La presse britannique se montra « not amused ». Son jugement fut impitoyable : elle trouva que la série banalisait l'Holocauste et était une insulte aux survivants britanniques des crimes de guerre. La chaîne, effrayée par ces protestations unanimes, retira cette sitcom jugée de trop mauvais goût. C'est ainsi que seule la première partie de la série sur les huit programmées à l'origine fut diffusée ; des extraits furent cependant retransmis dans le cadre des *100 Greatest TV Moments from Hell*, une émission créée en 2000 et récapitulant les plus mauvais programmes télévisés de tous les temps.

La fin d'un tabou – *Adolf, le porc nazi* de Walter Moers et *La vie est belle* de Roberto Benigni

Une telle virulence et une telle unanimité dans la critique ne sont certainement pas un bon présage pour une vedette comique internationale, quand celle-ci s'attaque à un sujet particulièrement épineux : Roberto Benigni, connu surtout comme comique bien au-delà des frontières de l'Italie, tourna *La vita è bella* en 1997. Le thème de la comédie ? L'Holocauste. On aurait pu difficilement imaginer numéro de haute voltige plus périlleux. Pourtant, le film de Benigni commence de manière assez anodine : l'histoire de Guido, un sympathique rêveur d'Arezzo, nous est racontée avec un grand sens du détail. Le héros pique la belle Dora au secrétaire local du parti fasciste en se servant de toutes sortes d'astuces. Il est aidé par son agilité d'esprit, qui lui permet de rendre possible ce qui est apparemment impossible. Le méchant est évincé élégamment, avec une bonne dose de culot. Guido est à ce point prisonnier de son monde imaginaire qu'il ne voit pas la situation politique changer autour de lui. Il enlève sa fiancée sur le cheval qui appartient à son oncle juif et vient d'être badigeonné de slogans racistes par des nazis. Mais Guido n'a d'yeux que pour Dora, qu'il idolâtre, et ne prête pas attention à la haine des antisémites : dans la deuxième partie du film, la manière dont la réalité le rattrape n'en est que plus impitoyable. Guido et Dora se sont entre-temps mariés et ont un fils, Giosuè. Un jour, les Juifs d'Arezzo sont rassemblés sur ordre des Allemands et embarqués vers un camp de concentration. Guido, Dora et Giosuè sont aussi déportés. Un camp fictif, ressemblant vaguement à Auschwitz, sert de décor aux scènes qui suivent.

Guido a tout de suite compris que ce n'est pas seulement sa vie qui est en jeu, mais aussi celle de sa femme et du petit Giosuè. Pour ne pas inquiéter son fils, il lui fait croire que la terreur nazie est en réalité un vaste jeu, où il faut additionner le plus de points possible : le jeune garçon gagne par exemple des points en se cachant toute la journée, pendant que Guido est emmené au travail forcé. Giosuè échappe ainsi à la chambre à gaz, sans se douter de toutes les horreurs du camp. Guido promet au gamin un vrai char, s'il gagne au jeu. Giosuè finit d'ailleurs par « gagner » ce prix lors de la libération du camp par les Américains. Celle-ci intervient trop tard pour Guido, qui est abattu par les SS peu avant l'arrivée des libérateurs.

Le scénario était à coup sûr une gageure : faire d'Auschwitz le décor d'une intrigue tragicomique, on n'avait jamais vu ça. Le réalisateur et acteur principal du film s'était jusqu'alors fait remarquer dans des comédies inoffensives et insipides. Il était en outre originaire d'Italie, un pays qui avait fait partie de l'« Axe ». Selon Kathy Laster et Hanns Steinert, l'humour noir est réservé à ceux qui sont condamnés et non aux générations postérieures, non impliquées directement : cela rendait l'entreprise doublement délicate.[134] Benigni était conscient de courir un grand risque. Pourtant, il ne

---

134. Cf. Laster/Steinert, p. 183.

souleva pas de grande vague d'indignation. Les rares critiques négatives furent formulées en des termes plutôt modérés. Même les spectateurs les plus réticents durent reconnaître que ce numéro d'équilibriste particulièrement périlleux était réussi.

La mise en scène de Benigni était magistrale et pleine de sensibilité : à aucun moment, *La vita è bella* ne semblait rechercher l'effet pour l'effet ni vouloir banaliser ou faire preuve de mauvais goût. Il y eut des reproches, mais ceux-ci concernaient généralement la description peu réaliste du camp de concentration. De fait, l'Auschwitz de Benigni ne ressemble au vrai camp d'extermination que dans ses grands traits : une ancienne usine fut transformée en décor de camp de concentration, mais de façon très approximative. La violence excessive des gardiens et les massacres à l'échelle industrielle jouent un rôle plutôt marginal ; le magazine *The New Yorker* s'empressa donc de reprocher à Benigni de falsifier l'histoire : selon le magazine les choses ne se passaient pas aussi paisiblement dans les camps d'extermination et aucun enfant n'avait vécu à Auschwitz.[135]

Le distributeur américain, s'inquiétant des critiques, fit insérer un avertissement avant le film, afin d'attirer l'attention sur le caractère fictif de l'intrigue. Cette précaution était toutefois totalement superflue car *La vita è bella* est, du début jusqu'à la fin, le récit d'un conte : la chose saute aux yeux du spectateur. C'est précisément cette approche stylisée de l'Holocauste qui rend le film si efficace. Et chacun a de toute façon les images horribles d'Auschwitz en tête : le spectateur peut

135. Cf. Laster/Steinert, p. 190.

compléter sans peine ce que le film ne fait qu'esquisser. Pendant la première partie, où Guido s'empêtre dans un imbroglio sentimental, Benigni rassemble tous les éléments d'un drame qui va se terminer par une chute brutale. Au moment où la famille est déportée, nous nous sommes déjà attachés aux trois protagonistes. Leur chute dans le gouffre sans fond, le chemin de croix dans les camps d'extermination hitlériens, tout cela ne doit pas être décrit en détail ni coller à l'original historique car le tournant fatidique, l'irruption de l'horreur dans le monde idéal de Guido, est ainsi décrit de façon tout aussi efficace. Benigni ne tombe pas dans le piège consistant à provoquer une rupture totale de style en plein milieu du film. En procédant par allusions codées et en préservant le caractère féérique du film, l'auteur reste cohérent et peut faire appel à l'imagination des spectateurs.

Malgré le meurtre du personnage principal, *La vita è bella* est un film sur la survie : l'espoir, qui ne s'éteint jamais malgré l'horreur, vit à travers le jeune garçon innocent qu'est Giosuè. Derrière la face hideuse du mal se cache quelque chose de ridicule, de banal, d'éphémère, qui sera un jour vaincu. Même si Guido est entraîné dans le précipice, Giosuè vivra et grandira dans un monde sans national-socialisme. Tout ceci paraît simpliste, mais les contes peuvent se permettre d'être des songes : cela fait partie de leur nature. Le film réconciliateur, à la fois comique et profondément triste, de Benigni obtint quatre Oscars en 1997 – une récompense méritée pour cette réflexion pleine de sensibilité sur le traumatisme de l'Holocauste, qui ne tombe jamais dans la banalité.

La critique se montra aussi étonnamment clémente vis-à-vis de la satire féroce sur Hitler qu'était la bande dessinée de Walter Moers *Adolf, die Nazi-Sau*[136] (« Adolf, le porc nazi »), sortie en 1998. Pourtant, le contenu de ce spectacle débridé est tout sauf une lecture facile : « Adolf », avec son éternelle mèche et sa moustache, a survécu à la guerre et découvre l'Allemagne actuelle quand il quitte sa cachette des égouts. Mais le monde postmoderne dépasse l'entendement de notre dictateur passéiste. Les imbroglios burlesques s'enchaînent : tantôt l'ex-Führer pique une crise de colère au studio de cuisine TV, parce qu'il prend Alfred Biolek pour un Juif, tantôt il laisse son tamagochi mourir de faim, parce que celui-ci vient du Japon. « *Dä Japsen ! Ällandä Verräter !* » (« Les Japs ! Tous des traîtres ! »), crie-t-il, « *wägen zwei läppischen Atombomben wärfen sied as Handtuch !* » (« Ils jettent l'éponge à cause de deux bêtes bombes atomiques ! ») Seul son vieux pote Hermann Göring, devenu un gros travelo qui fait le trottoir dans le quartier chaud de Sankt Pauli à Hambourg, parvient à le consoler. Cet Adolf-là aura un besoin urgent de tous les appuis qui s'offriront à lui, car Moers confie au revenant à la raie de côté une mission particulièrement ingrate : Adolf devra se frotter à tous les clichés des médias modernes, qu'il s'agisse de Lady Di ou d'extraterrestres enlevant des ménagères. Profondément perturbé, la voix rauque, le dictateur au chômage erre dans un pays qui n'a plus besoin d'un type comme lui. Il s'égosille en hurlant sa frustration. Quand il entend la chanson des Beatles « Hey Jude », il pense aussitôt qu'il

136. Voir p. 280.

s'agit de nouveau « *dä Joden* » (« des Juifs »). Mais ses beuglements n'intéressent plus personne dans ce paysage de BD surexcité et aux couleurs criardes. L'Allemagne postmoderne peut nous paraître superficielle avec ses bavardages interminables lors des émissions-débats ; il n'empêche qu'elle se passe allègrement de la présence du Führer. L'Hitler au nez en forme de concombre dessiné par Moers végétera tout au plus dans l'ombre au milieu de ce nouveau monde devenu si étranger pour lui.

L'hebdomadaire *Die junge Freiheit* (La jeune liberté) écrivit à propos de la BD sur Adolf : « Les véritables fans d'Adolf ne la trouvent certainement pas plus comique que ne le fera l'antifasciste »[137]. Personne n'osa toutefois donner sa propre opinion, ni dans ce journal ni dans le reste de la presse allemande : aucun critique ne voulait prendre la responsabilité d'avoir trouvé bonne l'œuvre détonante de Moers. Mais d'un autre côté, personne n'écrivit quoi que ce soit de négatif ; le bruit circula seulement que Michel Friedman, à l'époque vice-président du Conseil central des Juifs en Allemagne, aurait trouvé la BD « ratée ». Ce sont les lecteurs qui rendirent un jugement définitif sur *Adolf, die Nazi-Sau*, en s'arrachant ce mince volume dans les librairies. Au total, 170 000 exemplaires furent vendus.

Peut-on rire d'Hitler ?

Avec le changement de génération, c'est aussi la manière de représenter le « Führer ridicule » qui s'est

137. Notre trad.

décrispée en Allemagne : entre-temps, même le clown musical Helge Schneider peut jouer Hitler ; il y a quelques années encore, cela aurait été considéré comme un affront inconvenant. Aujourd'hui, le jugement qu'on porte est plus mesuré : ce qui n'était jadis possible qu'à l'étranger est aussi accepté et toléré en Allemagne. Sans le fardeau idéologique des années 1980, l'indignation des médias semble feinte ; le temps a fait le reste. Quand on regarde les films de propagande du IIIe Reich sans parti pris, on se rend compte non seulement de la monstruosité de cette époque, mais aussi de son ridicule sans bornes. L'Holocauste n'est pas minimisé pour autant, au contraire : on se demande comment les gens ont pu commettre de tels crimes inimaginables au nom de ce braillard à la moustache en brosse à dents. Le temps de la diabolisation est loin, mais il n'est pas pour autant plus facile de comprendre comment on a pu en arriver là : la question est même plus ardue. L'enthousiasme des gens pour leur Führer est un mystère pour les jeunes générations, qui ne connaissent celui-ci qu'à travers les apparitions étranges de celui-ci aux actualités hebdomadaires.

Peut-on rire d'Hitler ? Une comédie comme *The Producers* de Mel Brooks est-elle immorale ? Certainement pas : le film ne se sert pas de l'humour pour minimiser l'Holocauste, mais ramène le personnage d'Hitler à des dimensions humaines ; le spectateur ne voit donc plus en lui le démon du mal décrit par l'historiographie des années 1950. À l'époque nazie, les Allemands n'étaient ni possédés par un mauvais esprit ni « hypnotisés » collectivement par leur Führer : il n'est pas question de leur accorder les circonstances atténuantes dont bénéficient ceux qui ont été hypnotisés. Quand on rit d'Hitler, on le prive des capacités métaphysico-démoniaques que lui attribuaient ses apologètes de l'après-guerre. La question se pose de façon d'autant plus pressante : comment expliquer, malgré l'illusionnisme nazi, magistralement démasqué dans divers commentaires et témoignages littéraires de l'époque, qu'au bout de cette évolution, se trouve l'Holocauste ?

L'argument souvent avancé après la guerre, selon lequel on n'avait pas, sous le IIIe Reich, percé à jour les combines démagogiques d'Hitler et on était par conséquent plus aisément « séduisible », n'a pas résisté à un examen approfondi car le « Führer ridicule », débarrassé de sa posture d'imperator, est, comme nous l'avons montré, tout sauf une invention de l'après-guerre ; au début de l'époque nazie circulaient déjà des caricatures dénonçant le petit gueulard et le dictateur fantoche. Les nombreuses blagues irrespectueuses qui égratignaient la classe dirigeante du IIIe Reich permettent de tirer la même conclusion : les Allemands n'étaient nullement des victimes passives de la propagande ; de larges cercles de la population devinaient déjà à l'époque quelle escroquerie Goebbels et consorts tentaient de leur faire gober. Cela ne changea toutefois rien au fait que leur pays fut emporté dans un tourbillon criminel en l'espace de quelques années seulement.

Mel Brooks, The Producers, *1968*

La Vita è bella, *1997*

Adolf, die Nazi-Sau, *1998*

Me revoici ! Un passé plein de péchés

Adolf avait hélas perdu la guerre et dû vivre dans la clandestinité. Pendant des années, il a habité dans les égouts. Il a pu réfléchir aux erreurs commises (« J'aurais dû attaquer la Russie par les flancs »). Il y a enfin prescription. Adolf ne se fait pas tout de suite à la vie moderne. Il consulte le docteur Furunkel, un personnage louche qui promet de résoudre ses problèmes. Les premières tentatives échouent cependant. Finalement, le docteur lui prescrit une bonne baise. Adolf se rend à la Reeperbahn, où il tombe sur Göring.

Bibliographie

Allert, Tilman, *Der deutsche Gruß – Geschichte einer unheilvollen Geste*, Berlin, Eichborn Berlin, 2005.

Anonyme, *Une femme à Berlin, Journal 20 avril – 22 juin 1945* ; traduction de Anonyma : *Eine Frau in Berlin, Tagebuchaufzeichnungen vom 20. April bis 22. Juni 1945* par Wuilmart, Françoise, Paris, Gallimard – Collection Témoins, 2006.

Blasius, Anke, *Der politische Sprachwitz in der DDR*, Hamburg, 2003, in « Philologia », Bd.54, Verlag Dr. Kovac.

Bolle, Mirijam, *« Ich weiß, dieser Brief wird dich nie erreichen » – Tagebuchbriefe aus Amsterdam, Westerbork und Bergen-Belsen*, Berlin, 2005, Eichborn Berlin.

Boyer, Jean (paroles), *Avoir un bon copain, Voilà c'qui y a d'meilleur au monde* (musique de Heymann, Werner, Richard, chanson de Garat, Henry et Harvey, Lilian), Paris, 1930, Éditions Francis Salabert.

Broer, Wolfgang, *Wort als Waffe – Politischer Witz und politische Satire in der Republik Österreich (1918-1927)*, Wien, 1973, Verlag der wiss. Gesellschaften Österreichs.

DANIMANN, Franz, *Flüsterwitze und Spottgedichte unterm Hakenkreuz,* Wien, 2001, Ephelant Verlag.

DOLYS, Fred et Thoreau, Rachèle (paroles) : *Tout passe dans la vie* (musique de Raymond, Fred, chanson de L'Herbier, Robert), Montréal, 1947, RCA Victor Bluebird.

FEST, Joachim, *Hitler ;* traduction de *Hitler* par Fritsch-Estrangin, Guy, Audiberti, Marie-Louise, Demet, Michel-François et Jumel, Lily, volume 1 : *Jeunesse et conquête du pouvoir (1889-1933)*, Paris, 1973, Gallimard.

FEST, Joachim : *Hitler ;* traduction de *Hitler* par Fritsch-Estrangin, Guy, Audiberti, Marie-Louise, Demet, Michel-François et Jumel, Lily, volume 2 : *Le Führer (1933-1945)*, Paris, 1973, Gallimard.

FINCK, Werner, *Alter Narr, was nun ?*, München, 1992, Herbig-Verlag.

FINCK, Werner (2), *Spaßvogel – Vogelfrei*, Berlin, 1991, Henschel-Verlag.

FOCKE, Harald et Strocka, Monika, *Alltag der Gleichgeschalteten – Wie die Nazis Kirche, wqKultur, Justiz und Presse braun färbten*, Reinbek bei Hamburg, 1985, Rowohlt-Verlag.

FYNE, Robert, *The Hollywood Propaganda of World War II*, Metuchen, NJ, 1994, The Scarecrow Press.

GAMM, Hans-Jochen, *Der Flüsterwitz im Dritten Reich*, München, 1963, überarb. u. erweiterte Ausg. 1990 ; List-Verlag.

GRIMMELSHAUSEN, Hans Jakob Christoffel von, *Les aventures de Simplicissimus*, traduction de *Der abenteuerliche Simplicissimus teutsch* par Amsler, Jean, Paris, 1990, Fayard.

HAHN, Fred, *Lieber Stürmer ! – Leserbriefe an das NS – Kampfblatt 1924 bis 1945*, Stuttgart, 1978, Seewald-Verlag.

HANFSTAENGL, Ernst, *Hitler in der Karikatur der Welt*, Berlin, 1933, Verlag Braune Bücher.

HARTMANN, Rudi, *Flüsterwitze aus dem Tausendjährigen Reich*, München 1983, Knaur-Verlag.

HERTLING, Viktoria, Koepke, Wolf et. Thunecke, Jörg (Hrsg.), *Hitler im Visier, Literarische Satiren und Karikaturen als Waffe gegen den Nationalsozialismus*, Wuppertal, 2005, Arco-Verlag.

HIPPEN, Reinhard, *Satire gegen Hitler – Kabarett im Exil*, Zürich, 1986, pendo-Verlag.

HIRCHE, Kurt, *Der braune und der rote Witz*, Düsseldorf/ Wien, 1964, Econ-Verlag.

HITLER, Adolf, *Mon combat*, traduction intégrale de *Mein Kampf* par De Gaudefroy-Demombynes, Jean et Calmettes, André, tome 1, chapitre XI : « Le peuple et la race », Paris, 1934, Nouvelles Éditions latines.

KLEINHANS, Bernd, « *Propaganda im Film des Dritten Reichs* », in www.shoa.de/filmpropaganda.html, 2004.

KLEMPERER, Victor, *Mes soldats de papier. Journal 1933-1941*, traduction de *Ich will Zeugnis ablegen bis zum Letzten. Tagebücher 1933-1945* par Riccardi, Ghislain, Paris, 2000, Seuil.

KLUGER, Ruth, *Landscapes of Memory – a Holocaust Girlhood remembered*, London, 2000, Bloomsbury.

KOCH, Hannsjoachim W., *Volksgerichtshof – politische Justiz im 3.Reich*, Tübingen, 1988, Universitas-Verlag.

KOGON, Eugen, *L'État SS, Le système des camps de concentration allemands*, traduction intégrale de *Der SS-Staat, Das System der deutschen Konzentrationslager*, nom du traducteur non indiqué, Paris, 1993, Le Seuil, Points Histoire.

KÖRNER, Torsten, *Ein guter Freund – Heinz Rühmann*, Berlin, 2001, Aufbau-Verlag.

KREIMEIER, Klaus, « *Antisemitismus im nationalsozialistischen Film* », in *Jüdische Figuren in Film und Karikatur*, Stuttgart, 1995, Jan-Thorbecke-Verlag.

KÜHN, Volker, *Deutschlands Erwachen – Kabarett unterm Hakenkreuz 1933-1945*, Berlin, 1989, Quadriga-Verlag.

LANDMANN, Salcia, *Jüdische Witze – ausgewählt und eingeleitet von Salcia Landmann*, München, 1983, DTV.

LASTER, Kathy et Hanns Steinert, « *Eine neue Moral in der Darstellung der Shoah ? – Zur Rezeption von* La Vita è Bella », in *Lachen über Hitler – Auschwitz-Gelächter ?*, Frankfurt/M, 2003, Edition Text + Kritik, S. 181-197.

LIEBE, Ulrich, *Verehrt, verfolgt, vergessen – Schauspieler als Naziopfer*, Berlin, 1992 (neuausgest. Ausgabe 1995), Quadriga-Verlag.

LUCAS, Robert, *Teure Amalie ; vielgeliebtes Weib ! – Briefe des Gefreiten Hirnschal*, Frankfurt, 1984, Verein zur Förderung und Erforschung der antifaschistischen Literatur.

MARGRY, Karel, « *Das Konzentrationslager als Idylle : Theresienstadt – Ein Dokumentarfilm aus dem jüdischen Siedlungsgebiet* », in *Auschwitz – Geschichte, Rezeption und Wirkung*, Jahrbuch 1996 zur Geschichte und Wirkung des Holocaust. Frankfurt am Main, New York, 1996, S. 319-352.

MILLS, Robert William, *The American Films of Ernst Lubitsch – A Critical History*, Ann Arbor, 1976, Diss. Univ. of Michigan.

MOERS, Walter, *Adolf, die Nazi-Sau*, Frankfurt/M., 1998, Eichborn.

MULIAR, Fritz, *Melde gehorsamst das ja ! – Meine Lebensabenteuer*, Graz, 2003, Steyria.

MÜLLER, Oskar, *Ein Leben in und für Christus – Leben, Wirken, Leiden und Opfertod des Pfarrers Joseph Müller*, Groß Düngen u. Celle, 1948, Eigenverlag.

PLAUEN, E. O. (= Erich Ohser), *Politische Karikaturen, Zeichnungen, Illustrationen und alle Bildgeschichten von Vater und Sohn*, Konstanz, 2000, Südverlag.

RÜHMANN, Heinz, *Das war's – Erinnerungen*, Berlin, 1985, Ullstein-Verlag.

SAUDER, Georg, *Die Bücherverbrennung 10.Mai 1933*, München, 1983, Carl-Hanser-Verlag.

SCHARF-WREDE, Thomas, « *Pfarrer Joseph Müller – Zeuge für Jesus Christus* », Hildesheim 1994, Sammlung Bistumsarchiv Hildesheim.

SHIRER, William L., *Le Troisième Reich, des origines à la chute*, traduction de *The Third Reich, A History of Nazi Germany* (traduction non attribuée), volume 2, Paris, 1961, Stock.

SCHNELLE, Frank, *Charles Chaplin's* Der Große Diktator, Stuttgart, 1994, Verlag Robert Fischer + Uwe Wiedleroither.

SELLIN, Kurt, *Geflüstertes – die Hitlerei im Volksmund*, Heidelberg, 1946, Freiheit Verlag.

SPAICH, Herbert, *Ernst Lubitsch und seine Filme*, München, 1992, Heyne Verlag.

STEINERT, Marlies, *Hitler*, München, 1994, Verlag C. H. Beck.

SÜß, Wilhelm, *Lachen, Komik und Witz in der Antike*, Zürich, 1969, Artemis Verlag.

TROLLER, Georg Stefan, *Das fidele Grab an der Donau – mein Wien 1918-1938*, Düsseldorf & Zürich, 2004, Artemis & Winkler.

WEINBERG, Herman, *Ernst Lubitsch, The Lubitsch Touch*, traduction de *The Lubitsch Touch*, édition établie sous la direction de Pierre Lherminier avec la collaboration de Jean-Antonin Billard et Marie-Luce Nemo, Paris, 1994, Éditions Ramsay.

WIENER, Ralph, *Gefährliches Lachen – Schwarzer Humor im Dritten Reich*, Reinbek bei Hamburg, 1994, Rowohlt-Verlag.

WIENER, Ralph (2), *Als das Lachen Tödlich war*, Rudolstadt, 1988, Greifen-Verlag.

WÖHLERT, Meike, *Der Politische Witz in der NS-Zeit am Beispiel ausgesuchter SD-Berichte und Gestapo-Akten*, Frankfurt, 1997, Europäischer Verlag der Wissenschaften.

Index des illustrations

Index des personnes citées

Composition et mise en pages : SIR

Achevé d'imprimer en mai 2013 sur rotative numérique Prosper
par Sagim à Nanterre (Hauts-de-Seine).
Sagim est une marque de l'imprimerie Soregraph

Dépôt légal : juin 2013
N° d'édition : 700
N° d'impression : 13355

Imprimé en France

L'imprimerie Sagim est titulaire de la marque
Imprim'vert® depuis 2004